판결
너머
자유

판결 너머 자유

분열의 시대, 합의는 가능한가

초판 1쇄 발행 / 2024년 3월 11일

지은이 / 김영란
펴낸이 / 염종선
책임편집 / 이선엽 배영하
조판 / 황숙화
펴낸곳 / (주)창비
등록 / 1986년 8월 5일 제85호
주소 / 10881 경기도 파주시 회동길 184
전화 / 031-955-3333
팩시밀리 / 영업 031-955-3399 편집 031-955-3400
홈페이지 / www.changbi.com
전자우편 / human@changbi.com

ⓒ 김영란 2024
ISBN 978-89-364-8018-9 03360

분열의 시대, 합의는 가능한가

판결
너머
자유

김영란 지음

창비

전짓불빛과 소문의 벽

소문의 벽

대학시절 열심히 읽었던 소설 중 하나는 작고한 소설가 이청준의 「소문의 벽」이었다. 1971년 『문학과지성』에 수록되어 세상에 알려진 작품으로 작가의 대표작 중 하나다. 1969년 박정희 대통령의 삼선을 허용하는 개헌이 있은 후에 발표되었지만 마치 1972년 시월유신과 그 이후에 이어지는 일련의 긴급조치를 예견이나 한 것 같은 작품이다.

소설은 종합지의 편집장인 화자가 박준이라는 소설가를 우연히 만나게 되면서 그의 행적을 따라가보는 이야기다. 작가는 박준이 소설 속에서 한 인터뷰를 통해 "소문의 벽"의 의미를 밝힌다. 그 인터뷰에서 박준은 정직한 진술을 간섭하고 복수하는 '전짓불'의 공포를 말한다. 전짓불 뒤에 숨어서 자신의 정체를 밝히지 않음으로써 진술자를 공포 속으로 몰아넣고 작가의 양심에 따른 진술을 가로막는 존재에 대한 공포다. 그 존재는 사람들이 좋아하는 소문이라는 옷을 입고 사람들이 쌓아준 두꺼운 벽 속에서 살아남는다.

소설 속의 박준이 쓴 소설에서 전짓불 체험은 구체적으로 묘사된다. 남해안의 한 조그만 포구마을, 6·25전쟁이 터지고 나서 3개월 남짓 지난 1950년 가을 무렵의 일이었다. 유엔군의 인천상륙으로 퇴로를 차단당한 인민군의 일부 낙오 병력과 지방 공비들은 밤에 나타나 경찰을 사칭하면서 마을 남자들을 꾀어내어 죽였고, 그 후 마을에 나타난 경찰대는 또 속지 않으려고 인민군대 편이라고 거짓으로 연극을 하는 마을 사람들을 죽였다. 이렇게 되자 어느 쪽이 어느 쪽인지를 분간할 수 없어 공포에 휩싸인 주민들 중 남자들은 밤이 되면 모두 집을 비우고 도망가서 산에서 밤을 지내고 아침에야 돌아오곤 했다. 주인공의 집에서도 아버지는 산으로 가서 숨고 주인공은 어머니와 함께 집을 지켰다. 그러던 어느 날 밤중에 갑자기 창문이 덜컹 열리면서 눈부신 손전등 불빛이 가득히 방 안으로 쏟아져 들어왔다. 눈을 뜰 수도 없을 만큼 강한 불빛이었다. 그리고 그 불빛 뒤에 선 사람의 모습도 보이지 않은 채 카랑카랑한 목소리만 울려왔다. 이 집은 남자들이 모조리 어딜 가고 꼬맹이

하고 아주머니만 남아 있느냐, 누굴 따라간 게 틀림없는데, 따라간 사람들이 누구 편이냐고 묻는 소리였다. 전짓불의 강한 불빛 때문에 그 뒤에 선 사람이 어느 편인지는 알아낼 수가 없었으나 어머니는 대답을 하지 않을 수가 없었다. 전짓불이 자꾸 대답을 강요했기 때문이었다. 늦게나마 전짓불의 정체를 알아낸 어머니의 애원으로 겨우 주인공과 어머니는 화를 면할 수가 있었지만 아침에 일어나 보니 그날 밤 마을에서는 또 많은 사람들이 희생되었다. 끔찍스러운 전짓불의 강요에 못 이겨 그 전짓불 뒤에 숨은 사람의 정체를 점치려다 실패한 사람들이었다.

대학시절에도 입주 가정교사를 구해 들어가야 할 형편이었던 박준의 소설 속의 주인공은 저녁이 되면 수위가 문을 채우기 전에 강의실로 숨어 들어가서 잠을 청했는데, 교사 안을 순찰하러 나온 수위가 다가오는 기색이 있으면 재빨리 그 수위가 다가오는 쪽 창턱 밑으로 가서 납작 엎드린 채 그가 지나가기를 기다렸다. 그때 수위는 전짓불을 휙휙 둘러 교실 안을 살펴보았는데, 사람은 보이지 않고 불빛만 번쩍거리는 그 전짓불이 얼마나 무서웠는지 어렸을 적의 전짓불과 공포까지 함께 살아났다. 전짓불은 그 자체가 참을 수 없는 공포였다.

정체를 알 수 없는 환상 속의 신문관에게 온통 전짓불의 공포만을 늘어놓던 박준의 소설 속의 주인공은 결국 그로부터 유죄판결을 받는다. 더욱이 신문관은 그 형벌은 이미 집행되고 있다고 했다.

전짓불과 신문관에 대한 두려움을 스스로 선택해 고통받고 있기 때문이라는 것이다. 스스로 선택한 수형의 고통 때문에 이미 반쯤은 미친 사람이 되어 있거나 앞으로도 계속 미쳐갈 게 틀림없다고도 했다.

그리고 소설의 화자는, 진술이라는 것을 경험해본 사람들은 모두 박준이나 박준의 소설 속의 주인공을 괴롭히고 있는 전짓불을 경험해보았다고 했다. 누구나 자기의 전짓불을 가지고 있게 마련이라는 것이다. 진술을 하게 되는 이상 비록 자발적이든 누구의 강요에 의해서든, 또는 일부러든 무의식중에든 조금씩은 그 전짓불빛 비슷한 것을 눈앞에 받아보지 않을 수는 없기 때문이다. 그리고 그 전짓불은 이쪽에서 정직해지려고 하면 할수록, 그리고 진술이 무거우면 무거울수록 더욱더 두렵고 공포스럽게 빛을 쏘아댄다. 그 전짓불빛을 견디려 하지 않는 작품들은 신통할 수도 없다고 되뇌인다. 결국 소설 속의 작가 박준은 실제로 미쳐가면서 행방을 알 수 없게 되는 것으로 소설은 끝난다.

소설은 삼선개헌 이후 표현의 자유에 대한 억압이 강고해가던 시대상황을 담았다. 그러나 이른바 '레거시 미디어'는 사라져가고 '뉴 미디어'의 시대가 도래한 이즈음 다시 읽어도 여전히 새롭고 성찰적이다. 그리고 이 시대에는 과연 누가 전짓불을 들이대는 것일까 하는 의문을 불러일으킨다. 이 시대에는 모든 사람들이 모든 사람들에게 전짓불을 들이대는 것 같다. 기성 미디어는 물론, 개별적으로 운영되는 많은 미디어들이 저마다 전짓불을 들고서 '당신은 누구 편입니까'라고 묻고 있기 때문이다. 그 많다는 매체들이 결국은 낙오된 인민군이나 지방 공비들, 그리고 그들에 부역하던 무리들을 색출한다는 명분으로 주민들을 공포에 몰아넣던 경찰대와 다르지 않은 것 같다. 어느 쪽 편인지 밝히라고 강요하며 시도 때도 없이 들이닥치는 전짓불은 누구도 피할 수 없다는 소설 속 소설의 현실과 이 시대의 현실이 너무도 닮았다.

박준이라는 작중의 소설가가 쓴 소설에서 어머니는, 남편이 밤새 어디론가 집을 나가 있는 것은 사실이지만, 그것은 누굴 따라가기 위해서가 아니라 그저 세상이 시끄러워 잠시 피신한 것뿐이니 용서해달라고 울음 섞인 목소리로 애원하지만 전짓불은 믿지 않는다. 당신의 남편은 누굴 따라간 게 틀림없다, 그게 어느 편이냐, 아주머니는 누구 편이냐 사정없이 추궁했다. 어머니는 다시, 우리는 아무것도 모르고 그저 농사나 지어먹는 사람이다, 누구를 따라간 일도 없고 누구의 편이 된 일도 없다, 무식한 죄로 그러는 것이니 제발 허물을 삼지 말아달라고 애원했다. "이 아주머니 정말 반동이구먼. 누구의 편이 아니라니 그런 반동적인 사상은 용서할 수 없다." 전짓불 뒤에서 그런 소리가 들려서 겨우 전짓불의 정체를 늦게나마 알아낸 어머니의 애원으로 어머니와 소설 속의 나는 겨우 화를 면할 수가 있었다. 결국 자신이 어느 쪽이라는 걸 밝히지 않고는 화를 면할 수 없었고 그것도 상대방과 같은 쪽이어야만 했다.

이처럼 전짓불이 누구에게나 불시에 들이대어지는 시대에서 전짓불의 공포로부터 자유로워지는 방법은 없는 것일까.

롤스의 정치적 자유주의

이런 사회에서 구성원들의 의견을 모아야 할 중요한 문제에 대하여 제대로 된 결정을 하는 방법은 무엇일까 생각하다가 문득 밀레니엄이 도래하기도 전에 읽고 잊어버린 존 롤스John Rawls의 책 『정치적 자유주의』가 떠올랐다. 롤스가 정치적 자유주의를 외쳤을 때는 무슨 마음이었을까 궁금해지면서였다.

일본의 가나자와 대학에서 정치사상사를 강의하는 나카마사 마사키仲正昌樹에 의하면 롤스가 "정치적 자유주의"를 외치던 1980년대의 미국은 기독교 우파와 미국적 전통의 부활을 외치는 보수파가 대두함과 동시에 복지의 확대와 재분배, 차별시정을 내세우며 적극적으로 싸우던 자유주의 좌파가 현저하게 퇴조하고 있던 때였다.[1]

롤스는 태평양지역에서 미육군 보병으로 제2차세계대전에 참전했다. 그러나 전쟁과 히로시마의 원폭 참상은 한때 성공회 사제를 꿈꾸기까지 했던 그를 무신론자로 바꾸었다. 이후 『정의론』을 발표한 롤스는 1970년대 말 미국사회의 변화를 목도하고 『정의론』을 수정해 '정치적 자유주의'를 주장하기에 이르렀다.

롤스의 정치적 자유주의는 합당한 다원주의 사회를 표방하는 입헌민주주의하에서 그에 들어맞는 제도나 원칙, 기준이나 법칙에 적용되는 정치관을 구성하는 것을 목표로 한다. 롤스는, 근대 민주사회란 신념체계가 통일되어 있는 사람들의 집단으로서의 공동체가 아니라고 단언한다. 시민들의 종교적·철학적 세계관과 도덕적·미학적 가치에 대한 견해에 심원하고 화해 불가능한 차이가 존재한다는 것이다. 그는 민주사회에서는 이런 차이가 존재할 수밖에 없다는 것을 '합당한 다원주의 사실'이라고 부르며 이 다원적 다름을 받아들이도록 하는 것이 정치철학의 역할이라고 한다.[2]

합당한 다원주의 사회란 획일적인 하나의 신념체계만을 인정하는 사회가 아닌 '상반되지만 합당한' 신념체계들이 공존하는 사회를 말한다. 그렇다면 서로 다른 신념체계들을 가진 사람들이 함께 살아가야 하는 합당한 다원주의 사회에서 사회적 협력을 위한 제도는 어떻게 세워나가야 하는 걸까. 민주적인 절차로 제도를 세워나가야 하므로 문제는 복잡해질 수밖에 없다. 롤스의 정치적 자유주의는 이 문제에 대한 해답을 내놓으려는 시도다. 그리고 그 핵심은 정치적 영역을 포괄적인 철학적 도덕적 견해들로부터 독립시켜 별도로 구축해야 한다는 것이다(서론 참조). 그리고 독립해 구축된 정치적 영역에서의 근본적인 정치적 문제에 관한 공공적 합의는 각자가 지니는 포괄적 신념체계가 아니라 '공적 이성'에 의한 '중첩적 합의'에 의해야 한다. 이때의 근본적인 정치적 문제란 우리가 정치 하면 떠올리는 대통령과 국회의 여당과 야당 등등의 사이에서 벌어지는 정치게임 같은 문제가 아니라 '헌법의 핵심사항들'과 '기본적 정의의 문제들'과 관계된 문제들을 일컫는다.

롤스는 합당한 다원주의를 인정하고 공적 정의관에 의해 효과적으로 규제되는 사회를 '질서정연한 사회'라고 명명한다(2부 4장에서 부연설명했다). 합당한 다원주의의 사실을 전제하는 개념이므로 모든 구성원이 동일한 포괄적 신념체계를 수용하는 사회는 아니다. 서로 다른 포괄적 신념체계를 주장하는 민주시민들이 정치적 정의관에서는 합의를 이루는 사회를 의미한다.[3]

이런 롤스의 정치적 자유주의를 검토해보면서 우선 드는 생각은 우리 사회는 합당한 다원주의 사회인가 하는 것이다. 뒤의 서론 부분에서 살펴보겠지만 우리 사회가 다원주의 사회로 가고 있다고는 해도 합당한 다원주의 사회로 보기는 어렵다는 것이 학계의 평가다. 하지만 중첩적 합의와 공적 이성에 관한 롤스의 이론이 이미 우리 사회에서 은연중에 적용되고 있지 않나 의문이 드는 부분도 있다. 많은 사안들에서 절충적인 결론을 찾기 위해 노력해왔고 그 결과 서로 다른 견해를 가진 사람들이 중첩적인 합의를 한 것은 아닌가 생각되는 경우도 나타나기 때문이다. 그러나 우리 사회의 그동안의 합의는 잠정적 타협은 될 수 있을지라도 중첩적 합의라고 보기는 어렵다(잠정적 타협과 중첩적 합의의 차이점은 1부 2장에서 언급했다).

롤스에 따르자면, 모든 공공적 영역이 아니라 근본적인 정치적 문제에 관한 공공적 합의를 할 때 자신의 포괄적 신념체계에 따라 다른 사람을 설득해서는 안 되며 오로지 공적 이성으로 설득해서 중첩적 합의를 이끌어내야 한다(1부 1장 참조). 이런 롤스의 정치적 자유주의의 핵심을 생각해볼 때 우리 사회의 그동안의 합의가 합당한 다원주의 사회의 공공적 합의에 꼭 필요한 중첩적 합의인지는 의문이다.

미국 등 일부 국가에서 인정되는 동성결혼의 문제를 예로 들어보자. 종교적 신념에 입각해 이를 반대하는 사람들도 있을 것이다. 또는 종교적 신념이 아니더라도 다른 합당한 신념체계에 따라 반대하는 사람들도 물론 있을 것이다. 동성 간 파트너십을 인정하는 정도로 충분하다고 생각하는 사람도 있을 수 있다. 롤스식으로 보자면, 만일 동성결혼 문제가 헌법의 핵심사항들과 기본적 정의의 문제들의 영역에 속하는 것이라고 하면, 이 문제에 관한 공공적 합의는 각자의 신념체계에서 독립한 공적 이성에 의한 중첩적 합의에 의해서만 오로지 결정되어야 한다. 각자가 자신의 개인적 신념체계에 근거해 결론을 내렸더라도 그 결론을 공적 이성의 원리로 비교평가해 설득할 수 있어야 하며, 자신의 종교적 경전이나 도덕적 신념에 입각해 설득하려 해서는 안 된다. 롤스는 이 문제의 본질은 동성결혼의 금지가 자유롭고 평등한 민주적 시민들의 시민권을 침해하는 입법에 의한 것인지 하는 문제라고 보았다.[4] 이런 전제로 한 합의는 우리 사회에서는 은연중이든 공개적이든 아직 시도되지 않았다. 이 사례에서 보듯 롤스가 말하는 의미에서의 중첩적 합의는 아직 우리 사회에서 본격적으로 논의되고 있다고는 할 수 없다.

우리 사회에 롤스식의 정치적 자유주의를 그대로 적용하기 어렵다면 그 어려운 이유는 여전히 유교 등 전통적인 사상을 토대로 하는 공동체적인 관념이 강하게 남아 있기 때문이라 생각된다. 그러나 작가 이청준식으로 말하자면 시도 때도 없이 들이대는 전짓불빛의 공포가 강해지기 때문이라고도 할 수 있다. 다원사회이니만큼 당신의 목소리를 내보라는 시대적 요구가 강해지는 것 같았지만, 소문의 벽에 둘러싸여서 자신이 어느 쪽인지 밝히지 않고는 살아갈 수 없는 또다른 상황도 함께 도달했다. 다양한 목소리가 반영되어야 하는 시대가 도래했다고 깨닫는 것과 동시에 많은 사안에서 여론의 향방이 극단적인 대결로 치달아서 다양한 목소리의 설 자리는 좁아지는 그런 모순적 상황이 현재 우리 사회의 모습이다. 그러다보니 토론은 없이 표결만 남은 사회로서 동조자를 끌어들여서 다수를 확보하는 것만이 중요한 사회로 가고 있다.

그럴수록 서로 다른 신념체계를 가진 사람들이 전짓불빛의 공포에서 벗어나서 일정한 합의를 해나갈 수 있어야 사회가 안정적으로 유지될 수 있을 터이므로 롤스의 정치적 자유주의를 망설이지 말고 받아들여야 하는 때가 당도했다는 것을 역설적으로 보여주는 것은 아닐까. 20세기 말에 롤스가 미국사회에서 느꼈던 문제와 그가 찾아낸 해답은 현재 21세기의 초반부를 넘어선 우리 사회의 문제와 해답을 선취한 것이라 생각된다. 다원성을 부인하고 공감이 아닌 동조를 이끌어내는 문화가 만연한 우리 사회에서 합당한 다원주의 사회를 유지하기 위한 롤스의 처방은 우리 사회의 고질병을 치료해주는 명약이 될 수 있을 것 같다.

다원주의 사회는 개별적인 연대bond도 중요하지만 집단과 집단 사이에서는 연결bridge이 더 중요하게 다가오는 사회다. 서로 다른 신념체계를 가진 사람들이 함께 살아가기 위해서는 동조를 요구하기보다는 공감을 불러일으키는 것으로 충분하다는 생각에 동의한다면 롤스의 자유주의를 받아들이기 위한 조건은 갖추어졌다고 할 수 있다.

사법부의 경우

정치적 논쟁에서 비교적 자유로웠던 사법부조차 이제는 어느 쪽이라는 걸 밝히지 않고는 견디기 어려운 시대로 접어든 것만 같다. 개별 판결 하나하나에 대하여 판사들의 신상이 노출되고 결론의 옳고 그름에 대하여 양분된 여론이 형성되는가 하면 어느 편인지 밝히라는 요구도 점점 더 잦아지고 있다. 실제로 대법원이나 헌법재판소의 판결이나 결정 들이 점점 더 절충보다는 선택으로 가는 것 같기도 하다. 어느 편이 다수를 형성하는지만 중요할 뿐인 사회로 가고 있다는 우려가 있다. 이런 우리 사회에서 사법부만 동떨어져 있을 수는 없을 것이란 생각도 든다.

2013년부터 법학전문대학원에서 1년에 한 학기 동안은 최신 대법원 전원합의체 판결을 함께 읽고 해설하는 일을 계속하고 있다(다른 학기에는 재판실무와 연관된 강의를 하고 있다). 헤아려보니 10년을 넘어섰다. 시간의 속도를 새삼 느끼게 된다. 그 학기 동안 20개가 조금 넘는 전원합의체 판결을 읽고 강의하는 일은 생각보다 힘든 일이었지만 늘 새로 선고된 판결 읽기를 고집해왔다. 함께 읽으면서 계속 공부하지 않으면 나조차도 전원합의체 판결을 일부러 찾아 읽지 않을 걸 알기 때문이다.

내가 합의 과정에 관여했던 판결들을 포함해 그 이후의 최신 전원합의체 판결을 계속 읽어오면서 판결만으로는 자신의 주장을 굽혀서 의견을 조율하고 절충하는 과정이 잘 체감되지 않는다는 것을 알게 되었다. 실제로 여러차례의 절충 과정을 거쳤음직한 사건도 판결로는 그런 과정을 알기 어렵다. 그리고 점점 더 자신의 의견을 명확하게 드러내는 독자적인 의견의 표출이 늘어나고 있어서인지 자신의 견해와 다른 사람들의 견해를 다듬어서 절충적인 결론을 끌어내는 노력을 느끼기가 더 어려워질 뿐 아니라 그런 노력조차 없었던 것 같다고 생각되는 경우도 있다. 대법원 전원합의 사건에서조차 토론보다 표결이 더 큰 비중을 차지하는 것인가 노파심을 발동한 걱정을 하게 되었다.

다시 롤스로 돌아가서 보자면, 롤스는 법원(헌법재판소 포함)은 공적 이성의 표본으로서의 역할을 하는 기관이라고 지적한다. "가능한 한 헌법에 대한 최상의 해석을 개발하고 표현하는 것이 바로 법관의 과제"로서 "공적 이성이야말로 법원이 행사하는 유일한 이성"이고 법원은 공적 이성의 산물이며 이것만으로 구성된 유일한 정부 부서라고 한다.[5] 법원이 헌법을 분명하고 효과적으로 해석함으로써 근본적인 정치적 질문에 대한 권위적 판단을 내리는데, 만일 "법원이 실패하면 법원은 정치적 논쟁의 중심에 서게 된다."[6]

롤스의 지적이 아니더라도 법원은 판결로서 말하는 기관이므로 법원이 실패하지 않으려면 법원이 어떤 경로로 그 결론에 이르렀는지를 판결에 잘 담아내야 한다. 여기에 롤스의 주장을 적용해서 보면, 판결의 논리는 공적 이성을 제대로 활용해 그 인도에 따라 도달한 결론이라는 걸 설득해나가야 한다. 근본적인 정치적 문제와 관련된 사건에서 보통 사람들은 중첩적 합의를 이룰 수 있는 여지가 있는데도 대법원은 합의를 이끌어내지 못했다면 그 원인이 법률해석의 한계에 있는지, 공적 이성이 아닌 비공적 이성을 활용한 탓은 아닌지를 따져볼 필요도 있다. 공적 이성의 표본인 법원이 실패해서는 안 되기 때문이다.

이런 생각 끝에 다원주의 시대가 도래했지만 아직 제대로('합당하게') 자리잡고 있지 못한 우리 사회에서 그 현실이 그대로 반영되는 우리 법원의 현주소를 롤스의 이론을 이정표 삼아 살펴보기로 했다. 롤스의 이론 중 관련이 있는 부분을 개관해보고 최근의 대법원 전원합의체 판결들 중 중첩적 합의와 기본적 자유들의 우선성(2부 1장 참조)과 연관되는 몇개의 판결들을 대입해 살펴보는 방법으로 접근했다.

롤스의 이론이 '민주주의의 역동성'을 담보하지 못한다는 등 비판이 있고,[7] 롤스의 이론만으로는 해결될 수 없는 많은 문제들이 있는 것도 사실이다. 그러나 롤스의 정치적 자유주의를 우리 사회, 특히 입법과 사법의 영역에 적용해봄으로써 현 시점의 우리 사회의 중요한 갈등을 해결하는 방향을 찾아볼 수는 있을 것 같다. 나아가 헌법의 핵심사항들과 기본적 정의의 문제들의 영역에서는 소모적인 편 가르기가 일어나지 않는 것이 바람직하다는 생각을 공유하는 계기도 되어주기를 기대해본다.

차례

1부

상반되지만 합당한 신념들 간의 합의와 대법원 판결 · 047

2부

우선하는 기본적 자유들과
대법원 판결 · 133

서론 | 롤스의 정치적 자유주의

정의의 원칙과 그 수정

약간 과장해 말한다면 '정의'라는 단어는 롤스 이전에는 아리스 토텔레스를 떠올리게 하는 단어였을지라도 롤스 이후로는 그렇지 않다고 말할 수 있다. 일본의 정치사상사가인 나카마사 마사키는 아리스토텔레스의 정의는 '공동선'이라는 목적이 사라진 근대 시 민사회에서는 다시 생각해야 할 문제가 되었다고 한다. 아리스토 텔레스가 속했던 사회에서는 '최고선'을 추구하기 위해 덕을 단련 하고, 공동체로서의 폴리스에서도 공동선을 추구했다. 그러나 근 대 시민사회에서는 법이나 도덕의 규칙이 도덕생활의 첫번째 개념

이 되고 있고, 그 규칙에 따라 사는 것이 도덕의 덕성으로 간주된다는 것이다.[1]

롤스는 이런 시대에 "우리가 일상에서 안고 있는 다양한 윤리적 신념으로부터 그 신념의 배후에 있다고 생각되는 공통의 정의감각을 추출"해 정의에 관한 이론체계를 획득하려 했다.[2] 이는 개인의 이해가 우선할 뿐 공동선을 추구하는 공동체라는 요소가 고려되지 않는다는 점[3]에서 아리스토텔레스와는 전혀 다른 길이다.

조금 더 나카마사 마사키의 설명을 따라가보면, 초기 롤스의 문제의식은 베트남전쟁이나 인종차별 문제 등에서의 대립으로 분열되어 있던 미국시민의 정치적 아이덴티티를 재통합할 수 있는 원칙을 미국의 헌법 원리 안에서 재발견하는 데 있었다고 한다.[4]

롤스가 『정의론』을 구상하던 1950년대부터 1960년대의 미국사회는 인종차별에 반대하는 공민권운동과 여성차별에 반대하는 페미니즘 운동으로 일대 전환을 맞고 있었다. 1960년대 중반부터는 미국이 베트남전쟁에 개입했으나 반전 목소리가 점점 더 커져가기도 했다. 그런 가운데 1969년 공화당의 리처드 닉슨Richard Milhous Nixon 대통령이 취임했다. 그는 닉슨독트린을 발표해 베트남전쟁에서 단계적으로 철수하겠다는 의향을 표시하고 당시의 소련 및 중국과 각기 정상회담을 하는 등 데탕트 노선을 추구했다. 국내정치에도 소수자집단 우대 정책Affirmative Action이나 최저생계보장 제도 등을 실시하는 등 자유주의자의 정책을 과감하게 도입했다. 이런

미국의 철학자 존 롤스는 정치철학의 전통에서 가장 중요한 사상가 중 하나로 평가받는다.
1921년 출생하여 프린스턴대학에서 수학한 그는 하바드대학에서 40여년간 학생들을 가르쳤
으며, 2002년 세상을 떠날 때까지 『정의론』 『공정으로서의 정의: 재서술』 『정치적 자유주의』
『만민법』 등의 저서를 남겼다.

닉슨의 노선은 교회나 지역공동체 등이 키워온 전통문화적 가치에 호소하던 공화당의 전략에 머무르지 않고 인종이나 민족, 종교가 다른 사람, 이주민 등도 미국의 헌법이념을 함께한다는 노선을 견지해오던 미국식 자유주의의 가치를 흡수해나간 것으로서 그동안 소수자집단 우대 정책, 인종별 학교의 통합, 임신중지의 권리 인정 등 개혁을 주도해오던 자유주의자들에게 혼란을 초래했다. 1971년 롤스의『정의론』은 바로 이 시점에서 자유주의자를 위한 정치철학으로 등장했다.[5]『정의론』은 미국 헌법의 기초가 된 정의의 원칙을 재정식화하고, 미국 헌법에 대한 근원적인 합의를 재확인해 통일성을 잃고 분열되려는 공통된 정의감각을 부활시키고자 했다.[6] 그렇게 "모든 사람이 공공적 정의관을 따르는 질서정연한 사회를 배경으로 하는"[7]『정의론』은 세상에 나오게 되었다.

　『정의론』의 목적은 존 로크John Locke, 장 자크 루소Jean Jacques Rousseau 그리고 이마누엘 칸트Immanuel Kant에 의해 알려진 사회계약의 이론을 고도로 추상화함으로써 일반화된 정의관을 제시하는 것이라고 롤스는 말한다. 그러므로 그가 생각하는 원초적 계약은 특정 사회를 택하거나 특정 형태의 정부를 세우려는 것이 아니라 사회의 기본구조*에 대한 정의의 원칙들을 합의하려는 것이다.[8] 원

---

* 사회의 기본구조란 사회의 주요한 정치·사회제도들이 하나의 사회협력체계로 결합하는 방식으로서 정치적 입헌체제, 법적으로 승인된 소유의 형태들, 경제구조, 가족들이 이 기본구조에 속한다(존 롤스『공정으로서의 정의: 재서술』, 에린 켈리 엮음, 김주휘 옮김, 이학사 2016, 35면).

초적 계약을 하기 위해 참여한 사람들은 합리적인 인간들로서 평등하고 자유로운 가상적인 상황에서 무엇이 정의와 부정의로 간주될 것인지를 정하게 된다. 이 가상적인 상황에서는 누구도 자신의 사회적 지위나 계층상의 이익이라든지 천부적으로 타고난 소질이나 능력, 지능, 체력 등을 모른다.[9] 심지어 자신의 가치관이나 심리적 성향까지도 모른다고 간주된다. 이런 상황을 롤스는 "무지의 베일"을 쓰고 하는 선택이라고 한다. 원초적 계약을 하기 위해 모인 당사자들은 이처럼 불확실성하에서 선택을 하기 때문에 합의 이후에 알게 된 자신의 처지가 가장 불리한 상황에 있을 수도 있다는 것을 염두에 두고 선택을 하게 된다.

이런 상황에서 당사자들은 첫째로는 기본적인 권리와 의무의 할당에 있어 평등을 요구할 것이며, 둘째로는 사회적·경제적 불평등을 허용하되, 그것이 모든 사람, 그중에서도 특히 사회의 최소 수혜자에게 그 불평등을 보상할 만한 이득을 가져오는 경우에만 정당화된다는 요구를 하게 된다고 보았다.[10]

이에 따라 제시된 정의의 두 원칙은 다음과 같다.

첫째, 모든 사람은 다른 사람들의 유사한 자유와 양립할 수 있는 가장 광범위한 기본적 자유에 대하여 동등한 권리를 가져야 한다. 둘째, 사회적·경제적 불평등은 다음 두 조건을 만족시키도록 조정되어야 한다. ⓐ 그 불평등이 모든 사람에게 이익이 되리라는

것이 합당하게 기대되고 ⓑ 그 불평등이 모든 사람에게 개방된 직위와 직책에 결부되어야 한다.**11**

첫째 원칙은 "최대한 평등한 자유의 원칙"으로서 "각 개인이 다른 모든 개인에게 유사한 자유의 체계가 소유되는 것과 양립 가능한 한도 내에서 최대한 광범위한 기본적 자유의 전체 체계에 대한 평등한 권리를 갖는다는 것"이다.**12**

둘째 원칙은 최소 수혜자에게 최대의 이익이 돌아가야 한다는 "차등 원칙"과 "공정한 기회균등의 원칙"으로 불린다. 차등의 원칙은 "사회적 이익의 배분은 최소 수혜자의 처지를 극대화하는 방향으로 체계적으로 조정되어야 한다"는 원칙이다. 그리고 공정한 기회균등의 원칙은 "공정한 기회균등의 조건 아래 모든 사람에게 직책과 직위가 개방되어야 한다는 원칙"이다. 첫째 원칙이 둘째 원칙에 우선하며, 공정한 기회균등의 원칙이 차등의 원칙에 우선한다.**13**

이후 롤스는 『정의론』에 쏟아진 비판에 대하여 개별적으로 발표된 논문이나 『정의론』 재판에서 계속해서 해명하고 반박했다. 롤스가 말하는 초판본의 가장 심각한 한가지 약점은 기본적 자유들과 그 우선성의 개념이었다. 기본적 자유들이 상충할 수도 있고 상호 조정되어야 할 경우도 있으므로 '최대한 평등한 자유'와 '가장 광범위한 자유'가 일치하지 않을 수도 있었다. 롤스는 이 부분을 인정하고 수정해나갔다(그 상세한 내용은 2부 2장에서 언급했다). 두번째 심각한 약점은 기본재primary goods에 관한 설명이다. 기본재란 합리적인 사람들이 자신들의 지위에서 필요로 하는 것을 말하는데 어떤 것이 기본재가 되는지가 모호하다는 것이다. 롤스는 이 부분도 기본재가 단순히 인간심리의 자연적 사실에 토대를 둔 것에 그치지 않고 자신의 도덕적 능력뿐만 아니라 그 능력을 계발하고 발휘하는 것에 대한 더 높은 이해 관심을 가지고 있는 존재를 전제로 하는 것으로 수정했다(기본재에 대해서는 2부 3장에서 자세히 언급했다).[14]

1989년 초판이 발행된『공정으로서의 정의: 재서술』은 롤스가 타계하기 1년 전인 2001년 재판이 발행되었고, 롤스의 정의와 자유주의에 관한 마지막 작업에 해당한다.[15] 2001년의『공정으로서의 정의: 재서술』에서 롤스는 정의의 두 원칙을 아래와 같이 수정했다.

첫째, 각자는 평등한 기본적 자유들의 충분히 적절한 체계•에 대해 동일한 불가침의 권리를 가지며, 이 체제는 모두가 동일한 자유들의 체제를 갖는 것과 양립한다.

• '가장 광범위한 기본적 자유'(the most extensive basic liberty)가 '평등한 기본적 자유들의 충분히 적절한 체계'로 수정되었다. 평등한 기본적 자유들의 '충분히 적절한 체계'(a fully adequate scheme)는 '충분히 적절한 구조', '완전한 적정 구조'라고 번역되기도 했다. 그리고 평등한 기본적 자유들은『정치적 자유주의』에서의 '평등한 기본권과 자유들'과 같은 말로 보인다(존 롤스『정치적 자유주의』, 장동진 옮김, 동명사 2016, 365면 등).

둘째, 사회적·경제적 불평등은 다음의 두 조건을 충족시켜야 한다.

ⓐ 그것은 공정한 기회균등의 조건하에 모두에게 열려 있는 직책과 지위에 결부되는 것이어야 한다.

ⓑ 그것은 사회의 최소 수혜자들의 최대 이익에 부합해야 한다.[16]

롤스는『정의론』에서 제1원칙은 '기본적 자유'라는 단수 용어를 사용해서 자유 자체에 우선성이 주어지는 것처럼 보일 수 있었다면서 복수의 구체적인 권리들과 자유들을 전제로 하고 있음을 명확히 했다. 그리고 그에 따른 평등한 기본적 자유들의 목록을 제시했다. 그 목록은 "사상의 자유와 양심의 자유, 신체의 자유와 신체의 (육체적·심리적) 완전성에 의해 구체화되는 권리들과 자유들뿐만 아니라, 정치적 자유(예를 들면 투표권과 참정권)와 결사의 자유, 그리고 마지막으로 법치에 의해 포괄되는 권리들과 자유들"[17]로 구성되었다. 제2원칙은 순서를 바꾸고 자구만 수정하면서도, 공정한 기회균등의 원칙은 공직과 사회적 지위가 형식적 의미에서 열려 있을 뿐만 아니라 모두가 공정한 기회를 가질 것을 요구한다고 했다. 구체적으로는 동일한 수준의 재능과 능력, 동일한 의욕을 가진 이들은 그들이 속한 계급과는 무관하게 동일한 성공의 전망을 가질 수 있도록 제도를 조정하고 교육의 기회를 확립해야 한다고 주장했다.[18]

이렇게 롤스가 정의의 원칙을 수정해간 배경에 대하여 나카마사 마사키는 당시 미국의 정치적 상황으로 설명했다. 1980년대의 미국은 로널드 레이건Ronald Wilson Reagan 대통령이 당선되기 전후부터 기독교 우파와 미국적 전통의 부활을 외치는 보수파가 대두함과 동시에 복지의 확대와 재분배, 차별시정을 내세우며 적극적으로 싸우던 자유주의 좌파가 현저하게 퇴조하고 있던 때여서 차등의 원칙 등 정의의 원칙들에 대한 전시민적인 합의를 이끌어내기가 이전보다 쉽지는 않았을 것으로 짐작된다는 것이다.[19]

정치적 자유주의

1993년 롤스는『정치적 자유주의』를 출판해 그동안 산재했던 정치적 자유주의와 관련된 강의들과 논문들을 묶어냈다. 이 책에서 그는 "심원하게 상반되지만 그러나 합당한 포괄적 교리들〔신념체계들〕doctrines•이 함께 생존할 수 있고, 그리고 이들 모두가 입헌적 정체政體의 정치적 정의관을 인정하는 것이 어떻게 가능한가?"라는 질문들이 정치적 자유주의가 답하고자 하는 질문들이라고 한다.[20]

• 'doctrines'는 그동안은 '교리들', '교설들'로 번역되어왔는데 이 책에서는『공정으로서의 정의: 재서술』에 따라 '신념체계들'이라는 번역을 사용한다. 아울러 직접 인용문의 대괄호는 필자가 병기한 것임을 밝혀둔다.

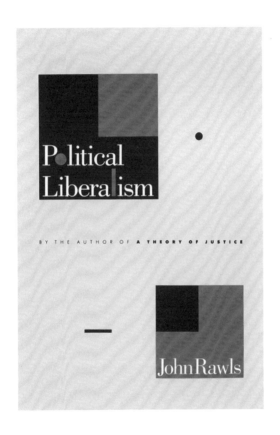

1993년에 출간된 『정치적 자유주의』 초판 양장본의 표지.

롤스는 정치적 자유주의는 "합당하지만 양립 불가능한 포괄적 교리들〔신념체계들〕로 이루어진 다원성이 입헌민주정체의 자유로운 제도의 틀 내에서 행사되는 인간 이성의 정상적인 결과"라고 가정한다.[21] 그가 말하는 합당한 다원주의는 "충분히 이성적인 사람들 사이에서 생길 수 있는 다원주의"를 말한다.[22] 결국 합당한 포괄적 신념체계라면 받아들일 수 있는 사회적 협력을 위한 제도를 민주적인 절차를 통해 구축하는 것이 정치적 자유주의의 목표라고 할 수 있다. 그러나 합당하지 않거나 비합리적인, 심지어는 광신적인 포괄적 신념체계들은 봉쇄해 그 신념체계들이 사회의 화합과 정의를 파괴하지 못하도록 해야 한다고 했다.[23] 그러므로 롤스가 말하는 정치적 자유주의란 "서로 다른 교리〔신념체계〕사이의 관계를 정치적으로 조정하는 역할에 철저한 자유주의"라고 할 수 있다.[24]

포괄적 신념체계comprehensive doctrine란 "인지할 수 있는 모든 도덕적 가치와 덕을 포섭하는 하나의 체계를 형성하고 있는 (그렇다고 자칭하는) 교설〔신념체계〕, 바꾸어 말하면 (…) 삶의 전 영역에 걸쳐서 전체를 올바른 방향으로 이끌려는 것 같은" 도덕적 신념체계를 말한다.[25] 종교나 형이상학 등을 떠올릴 수 있으며, 롤스는 플라톤Platon과 아리스토텔레스Aristoteles, 그리고 아우구스티누스Aurelius Augustinus와 토마스 아퀴나스Thomas Aquinas로 대표되는 기독교적 전통, 제러미 벤담Jeremy Bentham, 프랜시스 에지워스Francis Edgeworth, 그리고 헨리 시지윅Henry Sidgwick의 고전적 공리주의, 조셉 라즈Joseph Raz와 로널드 드워킨Ronald Dworkin의 윤리적 자유주의를 예로 들고, 칸트와 존 스튜어트 밀John Stuart Mill의 자유주의도 포괄적 신념체계 중의 하나라고 했다.[26]

　롤스가 『정의론』에서 주장한 '공정으로서의 정의'는 칸트적 자율성 개념과 인간관에 기초하고 있다. 무지의 베일로 인해 원초적 입장에 놓인 사람들은 자유롭고 평등한 합리적 존재로서의 자신들의 본성에 따라 정의의 원칙을 선택한다. 이는 자유롭고 평등한 합리적 존재로서의 본성을 가진 인간에게 적용되는 행위원칙인 칸트의 정언명령과 유사하다.[27] 그러나 롤스가 『정치적 자유주의』에서 주장하는 정치적 정의관과는 맞지 않게 된다. 롤스는 자신의 '공정으로서의 정의'에서 "칸트적 형이상학을 제거시킴"으로써 '공정으로서의 정의'를 정치적 정의관의 형태로 다시 제시하고자 했다.[28]

정치적 정의관

　앞서 본 정치적 자유주의에 관한 질문은 "합당한 종교적, 철학적 및 도덕적 교리들〔신념체계들〕로 심각하게 분열된 자유롭고 평등한 시민들 간에, 정의롭고 안정된 사회를 상당기간 유지시키는 것이 어떻게 가능한가?" 하는 질문으로 바꾸어 물을 수 있다.[29] 이 질

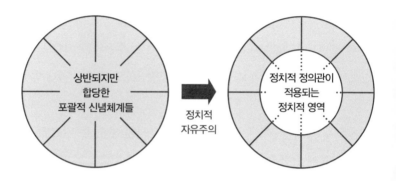

상반되지만
합당한
포괄적 신념체계들

정치적
자유주의

정치적 정의관이
적용되는
정치적 영역

문에 대한 답을 찾기 위해서는 포괄적인 철학적 도덕적 견해들과는 독립한 "정치적 영역을 규정하고, 정치적 정의관에 의해 구성되는 제도가 중첩적 합의를 획득할 수 있는 그러한 정의관을 구체화"해야 한다고 주장한다.[30]

이때의 정치관(정치적 정의관)은 입헌민주주의라는 기본구조에 적용되는 기본적 제도들과 원칙들, 기준들 및 법칙들로 구성되는 사회의 기본구조에 적용되는 도덕관이어야 한다. 그리고 이 정치관이 포괄적 신념체계의 일부분이든, 그 신념체계에서 도출되는 것이든, 그 배경과 분리되거나 그 신념체계가 근거로서 제시되지 않고도 자유롭게 제시될 수 있어야 한다. 예속되거나 지지를 받을 수 있는 신념체계들이 무엇인지에 대해서 언급하지도 않거나, 알지도 않거나, 위험한 추측을 하지 않고서도 정치관이 제시될 수 있어야 하기 때문이다. 이 정치관은 민주적 사상의 원칙들에 내재하는 입헌민주정체의 정치제도와 이에 대한 해석의 공적 전통 등을 암묵적으로 공유하는 생각들과 원칙들을 내용으로 한다. 정치적 자유주의는 이런 특징들을 가진 정치적 정의관을 구성하려는 것이다.[31]

롤스는 이 정치적 정의관은 성격상 광범위한 의미에서 자유적이라고 가정하고, 세가지 의미가 있다고 한다. 첫째는 입헌민주정체에서는 익숙한 종류의 기본권, 자유와 기회를 규정한다. 둘째는 이 기본권과 자유와 기회에 특별한 우선성을 부여한다. 셋째는 모든 시민들로 하여금 이 기본적 자유와 기회를 효과적으로 행사하기에 적절한 모든 목적적 수단을 보장해주는 조치를 인정한다.[32]

중첩적 합의와 공적 이성•

롤스는 '심원하게 상반되지만 합당한reasonable'•• 포괄적 신념체계들이 공존하는 다원주의의 현실에서 근본적인 정치적 문제에 관한 공공적 합의는 '공적 이성'에 의한 '중첩적 합의'에 의해 이루어

• 중첩적 합의와 공적 이성은 1부 1장에서 부연설명했다.
•• 그러나 이 번역은 'reasonable'을 '합리적'으로 번역해 사용하는 일반적 용법에 맞지 않는다는 등의 이유로 '합리적' 또는 '이성적'으로 번역해 쓰는 것이 옳다는 주장이 있고(김도균, 최경석), 롤스의 글에서 '합리적'이라고 번역되어오던 'rational'은 '합익적(合益的)'으로 번역하는 게 옳다는 주장(김도균)이 있다. 나카마사 마사키는 'reasonable'을 '도리에 적합한'으로, 'rational'을 '합리적'으로 소개하고 있다. 이하에서는 'reasonable'을 '합당한'으로, 'rational'을 '합리적'으로 하는 가장 통상적인 번역에 따른다.

진다고 한다. 중첩적 합의란 "사람들 사이에서 기본적인 가치관이나 세계관, 진리에 대한 신념 등이 다르고, 그 때문에 사고의 논리가 달라도 결과적으로 바람직한 사회적 질서에 대해 대체로 같은 이미지를 갖고 있다면 일단 그 중첩된 부분에 한해 합의를 성립"시킬 수 있고, 그때의 합의를 말한다.[33] "벤다이어그램에서 흔히 볼 수 있는 것처럼 중첩하는 3개의 원들에서 모두 일치하는 부분"에 해당하는 것이다.[34]

진술들 간의 관계를 밝혀서 주어진 전제로부터 타당성을 도출해내는 논증이 보통의 정당화라면, 정치적 정당화는 '최소한 가장 논쟁적인 문제들에 대한 의견불일치를 좁혀주는' 합의를 도출하려는 것이다. 그러기 위해서는 비록 합당할지라도 특정한 신념체계에 의존하기보다는 그런 신념체계들의 중첩적 합의를 통해 각자의 포괄적 신념체계 내에서 지지할 수 있는 공적 정당화의 기반을 고안해내려는 노력이 필요하다.[35] 이때의 정당화는 근본적인 정치적 문제에 적합한 추리와 추론의 방식을 통해, 그리고 다른 사람들도 인정하는 것이 합당한 믿음, 근거, 그리고 정치적 가치에의 호소를 통해 다른 사람들을 확신시키는 것이다. 이때 '적합한 추리와 추론의 방식'을 공적 이성이라 할 수 있다.[36] 그리고 이와 같은 정치적 정당화가 '공적 이성'에 의한 정당화다.

공적 이성은 "시민들의 이성, 즉 동등한 시민의 자격을 가지고 있는 사람들의 이성"을 말한다.[37] 공적 이성은 자유롭고 평등한 타인들이 합당하고 합리적인 방식으로 근본적인 정치적 문제들을 해결하겠다는 의지를 반영하며, 합당함과 공정함의 덕목을 포함한다.[38] 종교적이든 비종교적이든, 포괄적인 신념체계들이 공적 이성의 본질과 민주정체와 양립할 수 없는 경우를 제외하고는 공적 이성은 포괄적인 신념체계들을 비판하거나 공격하지 않는다.[39]

공적 이성은 단일한 정치적 정의관이 아니라 일련의 정치적 정의관들에 의해 제시된다. 수많은 형태의 공적 이성이 다양한 형태의 합당한 정의관을 통해 구체화될 수 있다. 이 정치적 정의관들은 자유롭고 평등한 시민의 개념과, 세대를 넘어서는 공정한 협력체계로서의 사회를 기본으로 한다. 그러나 이 개념들은 여러가지 방법으로 해석될 수 있으므로 정의의 원칙에 대한 서로 다른 공식화와 공적 이성에 대한 다른 내용이 생겨난다. 그러나 정치적 자유주의는 공적 이성을 선호되는 하나의 정치적 정의관의 형태로 고정시키려고 하지 않는다.[40]

공적 이성과 확장의 문제

롤스는 공적 이성이 적용되는 기본권과 자유들 중에서도 평등한 정치적 자유와 사상의 자유, 양심의 자유와 결사의 자유, 신체의 자유와 (육체적·심리적) 완전성, 법치로 포괄되는 자유들은 다른 기본권과 자유들이 적절하게 보장되기 위해 필요하다고 한다.

나아가 "조세입법과 소유물 규제와 관련된 많은 법들, 환경을 보존하고 오염을 막는 법들, 국립공원의 설치 그리고 황무지지역과 동식물의 보존, 박물관과 예술을 위한 기금 조성과 같은" 정치적 질문들은 근본적인 문제들에 관여하지 않지만, 공적 이성을 폭넓게 이해한다면 이런 문제들도 때로는 공적 이성에 근거해서 논의되어야 하는 대상에 포함된다고 했다.[41]

롤스는 정치관 내부로부터는 답변이 나올 수 없어 보이는 몇개의 문제들은 정치적 정의관을 확장해서 공적 이성을 적용시켜야 하는 영역이라고 보았다. 첫번째는 미래세대에 대한 현세대의 의무를 다루는 문제에 정의를 확장시키는 것이다. 두번째는 국제법과 국민들 상호간의 정치적 관계(만민법 문제)에 적용될 개념과 원칙들에 정의를 확장하는 문제다. 세번째는 정상적인normal 의료보장의 원칙을 설정하는 문제다. 네번째는 동물과 자연의 질서에 대한 우리의 관계에로의 확장의 문제다.

롤스는 앞의 세 문제들의 경우 장래에는 확장될 것으로 예상했다. 구체적인 합의의 단계에서는 현재 시민집단을 구성하는 성인들이 모여서 합의를 하지만 장래에는 다른 세대, 다른 사회, 정상적인 의료보장을 요구하는 사람들에 대하여 확장될 것이라고 보았다.

네번째 문제는 헌법의 핵심사항들이나 기본적 정의의 문제들은 아니므로 공적 이성의 문제는 아니라고 한다. 다만 미래세대와 다른 사회에 대한 우리의 의무와 책임이 연관될 때에는 헌법의 핵심 사항들과 기본적 정의의 문제들이 될 수 있다고 했다.[42]

이런 롤스의 논의를 조금 더 넓혀나가다보면 공적 이성은 롤스가 명백하게 언급하지 않은 분야들에도 확장이 가능할 수 있다. 원초적 계약을 하기 위해 모인 사람들은 무지의 베일을 쓰고 있다. 그러므로 자신들은 어떤 세대에 속할지 모른다. 그때 '인구통제와 환경보전에 관련해서 어떤 정책이 수행되기를 원할 것인가?'라는 질문을 받는다면, 롤스의 이론에 근본적으로 동의하는 환경론자들은 "각 세대는 최소한 전 세대에서 물려받은 환경보다 더 오염되지 않은 환경을 다음 세대에게 넘겨주어야 한다는 것에 동의할 수 있을 것"이고 이런 맥락에서 롤스의 정의론은 확대 적용될 수도 있다고 하는 박정순 교수의 주장도 같은 맥락이다.[43]

김현섭 교수는 경제적 자유가 기본적 자유에 해당하는지에 대해서는 논쟁이 있다면서 롤스는 인격적 독립과 자존감의 물적 토대로 필요한 재산을 넘은 천연자원 및 생산수단에 대한 사적 소유권을 기본적 자유에 포함시키지 않는다고 한다. 그러나 이에 대하여 존 토마지John Tomasi는 폭넓은 경제적 자유가 기본적 자유에 포함되어야 한다고 논변했고, 어느 정도의 경제적 자유가 기본적 자유에 해당하는지는 여전히 논쟁 중이라고 한다.[44] 롤스 이론의 확장성은 계속 논의되어야만 할 것이다.

공적 이성의 표본으로서의 대법원(과 헌법재판소)

롤스는 공적 이성의 이상이 시민들에게 적용되는 방법과 다양한 위치에 있는 정부의 공무원들에게 적용되는 방법을 구별할 필요가 있다고 한다. 의회의 연단에서 발표할 때의 의회의원들, 공무와 공적 결정을 내릴 때의 행정집행자, 사법부 특히 사법심사제가 있는 입헌적 민주주의에서의 법원(그러므로 우리나라에서는 법원과 헌법재판소, 이하에서는 법원으로만 쓰기로 한다)에 적용된다고 한다. 그중에서도 사법부에의 적용은 특별한데 판사(헌법재판관 포함)들은 "자신의 결정을 헌법이나 관계 법률, 판례에 대한 자신들의 이해에 근거하여 설명하고 정당화할 필요가 있기 때문이다." 이런 특별한 역할로 인해 법원이 공적 이성의 표본이 된다.[45]

롤스는 법원이 "공적 이성의 제도적 표본으로 기능함으로써 공적 이성에 적절하고 지속적인 영향력을 미친다"고 한다.[46] 롤스의 공적 이성론에 의하면 시민들이나 의회의원들은 헌법의 핵심사항들과 기본적 정의가 걸린 문제들이 아닐 때에는 자신들의 포괄적인 견해에 따라 적절하게 투표할 수 있고, 왜 그렇게 투표하는지를 공적 이성에 의해 정당화할 필요는 없다. 그러나 법원은 공적 이성에 의해 모든 결정을 해야 하며 그렇지 않을 경우에도 헌법적 사례, 관습 및 전통 등에 따라서 결정해야만 한다. 그렇게 함으로써 일시적 다수에 의해, 혹은 자신의 이해관계의 관철이라는 협소한 이익에 의해 법이 침해당하지 않도록 보장해야 한다는 것이다(이 문제는 1부 1장의 '공적 이성' 부분에서 부연설명했다).

> 법관은 자신의 개인적 도덕성이나 일반적인 도덕성의 이상과 덕목에 호소해서는 안 된다. (…) 마찬가지로, 그들은 자신 혹은 다른 사람의 종교적 혹은 철학적 견해에 호소해서도 안 된다. (…) 오히려, 법관들은 공적 관점의 가장 이성적인 이해에 해당된다고 생각하는 가치들에 호소해야만 하고, 또한 이러한 이해의 정의와 공적 이성의 가치들에 호소해야만 하는 것이다.[47]

이 부분의 각주에서 롤스는 법관이 호소할 수 있는 가치들은 공적인 정치적 정의관에 포함되어 있는 정치적 가치들로 제한되어야 하므로 도덕적 견해를 배제하지 않는 드워킨의 관점과 자신과는 차이가 있다고 한다. 롤스는 "법관들은 도덕성의 관점이나 심지어는 정치적 도덕성의 관점에 입각한 가치들에 호소"해서는 안 된다고 주장하면서 "법원의 결정이 적절한 법률의 사법적 판단인지를 확인하기 위해서는, 그 해석이 공적인 정치적 정의관이나 이의 수긍할 만한 변형의 범위 내에 속하는 것이 요구된다"라고 한다.[48]

미국의 법철학자 드워킨은 이 점에 대하여 자신의 책에서 비판하고 있다. 먼저 그는 누구나 각자의 칸트를 가지고 있고 이제부터 각자는 롤스의 은총을 위해 투쟁할 것이라고 하면서 롤스에 대한 무한한 신뢰를 보낸다.[49] 그러면서도 그는 "어떤 입장을 취하지 않고서 어떻게 입장을 택할 수 있는가?"라고 묻게 되는 포괄적 쟁점을 가진 질문이 있다고 한다. "미국 여성들이 낙태에 대한 헌법적 권리를 갖고 있느냐" 하는 질문 같은 것이다.[50] 롤스처럼 시민들이 자신의 투표에 대하여 공적인 정치적 가치들의 합당한 비교평가에 입각해서 서로 설명할 수 있어야 한다는 공적 이성의 요구에 따른다면, 논쟁의 여지가 있는 종교적, 도덕적, 철학적 신념체계들은 전혀 들어설 여지가 없다. 임신중지의 경우 롤스는 인간생명에 대한 충분한 존경, 특정 형태의 가족을 포함하는 장시간에 걸친 정치사회의 질서화된 재생산, 평등한 시민으로서의 여성의 평등이 대표적인 정치적 가치들이므로 이 세가지 가치 간의 합당한 비교평가가 여성들에게 임신중지 권한을 줄 것인지 줄 수 없을 것인지를 결정한다고 설명한다. 그리고 이에 의하면 임신 첫 3분의 1 기간 동안에는 여성의 평등이라는 정치적 가치가 우선적이라고 보았다. 다른 포괄적 신념체계들은 이 판단을 위한 정치적 가치들에는 들어올 수 없다.[51] 그러나 드워킨은 태아의 지위에 관한 어떤 포괄적인 신념체계에 입각하지 않고는 미국 여성들이 임신중지에 관한 헌법적 권리를 갖고 있느냐의 질문에 대한 입장을 선택할 수는 없다고 비판한다.[52]

이런 임신중지에 관한 두 사람의 논쟁은 '모든' 임신중지를 처벌

©shutterstock

2022년 6월 24일, 미국 대법원이 '로 대 웨이드' 판결을 50년 만에 뒤집자 시민들이 법원 건물 앞에서 시위를 벌이고 있다.

하는 것은 여성의 자기결정권을 제한해서 위헌이라고 헌법재판소가 선언한 우리나라에서는 헌법불합치 결정*에 따른 개선된 입법을 기다리는 중이어서 원론적인 문제는 해결되었다. 다만 개선된 입법이 이루어지지 않고 있다. 그러나 미국에서는 2022년 6월에 임신중지권을 부분적으로 인정해오던 로 대 웨이드 판결Roe v. Wade이 뒤집히면서 논쟁이 다시 불붙고 있다. 그런 미국 대법원의 50년 전으로 되돌아가는 역변화를 보면서 드워킨의 주장보다는 포괄적인 신념체계에서 떠나 중첩적 합의를 해야 한다는 롤스의 주장이 임신중지권의 문제 해결에 더 적절했던 것 같다는 생각이 들기도 한다.

롤스는 프롤로그에서 보았듯 법원은 공적 이성의 산물이며 이것만으로 구성된 유일한 정부 부서라고 한다. 판사의 헌법에 대한 최상의 해석은 헌법의 관련 조항에 가장 부합하는 것이며, 그 해석을 공적 정의관이나 공적 정의관의 합당한 변형된 관점에 입각하여 정당화해야 한다.[53]

나카마사 마사키는 "대법원은 (…) 자신의 해석이 헌법의 '정치적 구상'에 들어맞는다는 근거=이유를 '공중'으로서의 시민들에게 보여주고 정당화할 책임을 지고 있다. 그러한 대법원에 의한 공공적 이유의 제시를 통해 공공의 장에서 헌법의 본질적 요인[헌법

• 헌법재판소 2019. 4. 11.자 2017헌바127 결정. 형법 제269조 제1항 자기낙태죄를 처벌하는 조항과 제270조 제1항 중 의사낙태죄를 처벌하는 조항은 헌법에 합치하지 않으므로 2020년 12월 31일까지 개선된 입법을 해야 하며 그 이후에도 개선입법이 이루어지지 않으면 위 조항들은 효력을 상실한다고 결정했다.

의 핵심사항)을 둘러싼 토의는 활성화하고 공공적 이성은 단련되고 교육된다"라고 설명한다.[54]

롤스 이론의 우리나라에의 적용

롤스의 정치적 자유주의의 배경이 되는 사회는 민주적 사상의 내용이 "일반적으로 교육을 받은 시민의 상식에 비추어 적어도 익숙하거나 알 수가 있는" 사회로서 자신의 입장을 자유로이 표현할 수 있는 사회다.[55] 일제강점기를 거치면서 서구의 근대법을 받아들이게 된 우리 사회가 롤스가 요구하는 '합당한 포괄적 신념체계들이 자유롭게 공존하는 다원주의 사회'인지가 먼저 문제될 수밖에 없다.

『정치적 자유주의』를 번역한 장동진 교수는 2008년에 처음 발표한 「롤즈 정의론과 한국사회」라는 글에서 롤스가 말한 자유민주주의 사회에서 자연스럽게 나타나는 정치문화의 특징인 합당한 다원주의 현실이 한국사회에서도 나타나고 있다고 보았다. 소수자의 권리주장의 등장이 '합당한 다원주의 현실'로 인한 '합당한 불일치'가 가시화되고 있다는 초기적 징후라는 것이다.[56]

그는 롤스의 정의관이 우리나라에서 3단계에 걸쳐 도입되었다고 설명한다. 첫번째 단계는 1970년대부터 1990년대 초반에 이르는 기간으로서 롤스 정의론에 대한 기본적 이해의 단계다. 두번째 단계는 1990년대 전반에 걸친 기간으로서 공동체주의적 시각에서의 비판이 중심이 되어 롤스 이론에 대한 비판적 논의가 진행된 단계라고 한다. 그리고 이후의 단계는 롤스 정의관을 통하여 한국적 현실을 비판해보거나 동아시아의 전통, 문화, 정의관에 비추어 롤스 정의관을 반성적으로 비판해보는 단계라고 한다. 이런 단계를 거치면서 롤스에 대한 논의는 많이 일반화되고 수준이 높아졌으나 롤스의 정의론이 한국 민주화에 실천적 영향을 미치지 못하고 있다는 지적도 하고 있다.[57]

롤스는 "합당한 다원주의 현실을 자유민주사회에서 자연스럽게 나타나는 정치문화의 특징으로 간주"한다. 그러므로 한국사회에서 시민의 합당할 수 있는 능력the capacity to be reasonable(정의를 감각하는 능력)과 공적 이성을 활용하여 신념체계 간의 불일치를 극복할 수 있는 정치적 해결을 지향하는 것은 한국사회의 갈등들을 해결해나가는 데 도움이 될 것이라는 분석도 아울러 하고 있다.[58]

목광수 교수는 2021년의 저서 『정의론과 대화하기』에서 우리 사회는 단순 다원주의와 합당한 다원주의 사회 사이에 있다고 진단했다. 합당한 다원주의 사회라면 사회협력체계로서의 사회관을 갖춘 사회라고 할 수 있어야 하는데, 우리 사회는 아직 '기꺼이' 협력하고 부담을 나눌 수 있는 사회협력체계의 토대가 마련되지 않았다는 것이다.[59]

이처럼 현재의 우리 사회를 '합당한 다원주의 현실로 인한 합당한 불일치'의 사회라고 평가하기는 어렵다. 그러나 민주화 이후로 계속적으로 다원성을 인정하면서도 사회구성원들이 함께할 수 있는 사회를 지향해왔다고는 할 수 있다. 이런 상황이기에 롤스의 정치적 자유주의가 좋은 해법이 될 수는 없을까, 그렇다면 우리 사회는 어떤 문제까지 '공적 이성에 의한 중첩적 합의'를 할 수 있을까 궁금해지는 것은 사실이다.

더욱이 롤스는 공적 이성은 정치적 정의관이 작동하는 정치적 문제들에서도 헌법의 핵심사항들과 기본적인 정의가 걸린 문제들에서만 작동하는 것이지만 법원은 다르다고 했다. 법원은 공적 이성에 의해 모든 결정을 해야 하는 등 공적 이성의 제도적 표본으로서 기능해야 한다는 것이다. 우리 사회가 단순 다원주의 사회가 아닌 합당한 다원주의 사회로 나아가기 위해서는 법원의 이런 표본으로서의 역할은 중대하다고 할 수밖에 없다. 이런 입장에서 선거에 의해 신임을 확인받는 입법부와 행정부의 결정도 중요하지만 법원의 판결을 살펴보는 것도 미룰 수 없는 일이다. 이런 생각 끝에 대법원의 최근 판결들이 공적 이성을 제대로 발휘하고 있는지, 중첩적 합의를 통한 갈등의 해결을 위한 노력은 하고 있는지 등을 롤스라는 렌즈를 통하여 살펴보겠다는 시도를 해보게 되었다.

1부

상반되지만
합당한 신념들 간의 합의와
대법원 판결

1장 | 롤스의 정치적 정의관과 중첩적 합의

중첩적 합의

롤스는 합당한 포괄적 신념체계들이 공존하는 다원주의의 현실에서 근본적인 정치적 문제에 관한 공공적 합의는 '공적 이성'에 의한 '중첩적 합의'에 의해 이루어진다고 했다. 앞에서 본 것처럼 중첩적 합의란 기본적인 가치관이나 세계관, 진리에 대한 신념 등이 다르더라도 바람직한 사회적 질서에 대하여 대체로 같은 이미지를 갖고 있다면 일단 그 중첩된 부분에 한해 성립시키는 합의를 말한다.

롤스에 의하면 중첩적 합의란 첫째는 합당한(부당하고 비합리적인 것에 반대되는) 포괄적 신념체계들 간에 합의점을 찾는 것이라고 한다. 다만 모든 다원주의 사회를 전제로 하지는 않으며 자유로운 인간 이성의 자유로운 행사의 결과로 나타나는 '합당한 다원주의'가 전제되어야 한다. 둘째는 공적 정치관이 포괄적인 종교적, 철학적, 도덕적 신념체계들로부터 가능한 한 독립적인 것으로 제시되어야 한다. 이때의 정치관은 포괄적 신념체계들과 분리되거나 그 체계들에 어떤 근거를 두지 않는다는 의미에서 본질적 구성부분이다. 즉 종교적, 형이상학적, 인식론적 신념체계를 제공하지 않는 하나의 기본단위module다. 이 본질적 구성부분은 다양하고 합당한 포괄적 신념체계들과 부합하거나 그 신념체계들에 의해 지지될 수 있다.[1]

중첩적 합의를 도출하기 위해서거나, 이미 중첩적 합의가 존재한다면 그러한 합의의 안정성을 확보하기 위해서는 두가지 단계를 거쳐야 한다. 헌법적 합의constitutional consensus의 단계와 중첩적 합의의 단계다.

헌법적 합의는 민주적 정부의 정치 과정으로서 일정한 정치적 기본권과 자유에 대한 동의, 즉 투표권, 정치적 발언과 결사의 자유, 민주주의에서 선거 및 입법절차에 요구되는 그밖의 모든 권리들에 대한 동의다. 민주적인 선거절차를 확립하기 위한 것이다.[2]

롤스는 자유주의적 정의의 원칙들을 수용하는 헌법적 합의가 받아들여지는 과정은 서구사회에서 종교개혁 이후 잠정적 타협으로 신앙의 자유라는 원칙을 받아들인 것과 똑같은 방식이라고 설명한다.[3] 처음에는 마지못한 것이었으나 파멸적인 내전을 종식시킬 유일한 대안으로 신앙의 자유가 받아들여진 것처럼, 자유주의적 정의의 원칙들을 충족시키는 헌법이 암묵적으로 수용된다는 것이다.

그러나 헌법적 합의의 단계에서는 아직 권리와 자유에 대한 보다 정확한 내용과 경계에 대한 일치된 의견은 없는 상태일 수 있다. 헌법적 합의는 그렇게 깊지 않으며, 민주적 정부의 정치 과정만을 포함하므로 범위가 제한적이고 넓지도 않다.

헌법적 합의의 단계에서는 자유주의적 정의의 원칙들이 잠정적 타협으로서 어쩔 수 없이 수용되고 헌법에 채택되었더라도, 그 원칙들이 시민들의 포괄적 신념체계를 변화시켜 자유주의적 헌법의 원칙들을 수용하게끔 이끈다. 자유주의적 정의의 원칙들이 포괄적 신념체계들과 느슨하게 일치하게 되는 많은 방법들이 있을 수 있고, 자유주의적 정의의 원칙들이 사회에 미치는 좋은 점들을 평가한 후 자신의 포괄적 신념체계에서 일치하지 않는 부분을 조정하거나 수정할 수도 있다.

이에 따라 일정한 정치적 기본권과 자유를 보장하고, 정치적 경쟁관계를 완화시키고 사회정책의 문제들을 결정할 수 있는 민주적 절차가 확립된다. 그 결과 시민들 사이의 단순한 다원주의는 합당한 다원주의로 변화하게 되며, 헌법적 합의가 성취된다.[4]

일단 헌법적 합의가 이루어진 후 중첩적 합의의 단계에서는 정치집단들은 공적 토론에 나서서 자신과 다른 포괄적 신념체계를 가진 집단들을 설득해야만 한다. 그러기 위해서 자신의 편협한 관점에서 벗어나 보다 폭넓은 대중들에게 그들이 선호하는 정책을 설명하고 정당화시킬 수 있도록 정치관을 발전시켜나가게 된다. 그 과정에서 포괄적 신념체계와 분리되거나 그 신념체계가 근거로서 제시되지 않고도 자유롭게 제시될 수 있는 독립한 정치관들을 형성하게 된다. 이 정치관들은 각 집단이 지지하는 원칙 및 정책들의 의미와 합의를 설명하는 데 일반성과 깊이 있는 기반을 제공할 수 있도록 한다. 그리고 포괄적인 신념체계로부터 독립적인 정치관을 추종함으로써 중첩적 합의에 다다르게 된다.

롤스는 미국에서 남북전쟁이 종식되고 난 이후에 노예제도 폐지나 공민권 조항, 흑인의 투표권보장 조항 등 재건 수정조항(미국 수정헌법 제13, 14, 15조)이 미국의 헌법에 새로 들어간 것을 예로 들어 이에 대하여 설명하고 있다. 즉 남북전쟁의 위기에 따라 헌법에 대한 새롭고 근본적인 문제들이 제기되었고, 헌법의 수정조항들에 관한 논쟁으로 인해 경쟁관계에 있는 집단들이 헌법을 변화시킬 수 있는 근본적 개념들을 포함하는 정치관들을 만들어내게 되었다는 것이다.[5]

헌법적 합의는 원칙적인 수준에서만 이루어지지만 헌법이 어떻게 수정되고 해석되어야 할지는 헌법을 해석하고 중요한 판례들을 만드는 관련 공무원들이나 판사들의 몫이고 이때 입법부, 행정부,

사법부의 관련자들은 헌법의 가치와 기준에 대한 정치적 정의관을 발전시켜나가야 한다. 이를 롤스는 중첩적 합의의 깊이의 문제라고 했다.

그리고 헌법적 합의에 포함된 권리와 자유, 절차는 논쟁의 대상이 되는 근본적인 정치문제에서 극히 일부분을 관장할 뿐이므로 헌법의 핵심사항들과 기본적 정의의 문제들을 관장하는 데 필요한 법률을 제정하거나 시민들이 정치적·사회적 생활에 참여할 수 있도록 그들의 기본적 필요를 충족시켜줄 조치들이 필요하게 된다. 이를 위해 포괄적 신념체계를 달리하는 집단들은 각기 정치적으로 일관되고 체계적인 방식으로 자신들의 관점을 설명하기 위해 기본구조 자체를 관장하는 폭넓은 정치관을 발전시키려 할 것이다. 롤스는 이를 중첩적 합의의 넓이의 문제라고 설명했다.[6]

또한 자유주의적 관점들 간의 차이가 적어질수록, 그리고 이러한 관점들을 지지해주는 기본적인 이해관계가 보다 양립 가능할수록 자유주의적 관점들이 더 공통점을 찾아가게 되고 구체화될 것이라고 한다. 이러한 과정을 거쳐서 처음에는 자유주의적 정의관이 단순한 잠정적 타협으로 묶이다가, 시간이 지남에 따라 헌법적 합의와 중첩적 합의로 변화되고 이러한 정치적 협력이 계속 성공적으로 유지되면 신뢰와 확신을 얻게 된다.[7]

그러나 민주적인 공적 문화 아래에서 올바르게 형성된 자유주의적인 관점들이라 해도 "극심하게 갈등적인 정치적 및 경제적 이해관계에 의해 지지되고 또 이러한 이해관계를 조장한다면, 그리고 그것을 극복할 수 있는 입헌정체를 수립할 방법이 없다면" 완전한 중첩적 합의는 이루어지지 못한다.[8]

중첩적 합의에서 정치관의 수용은 상이한 입장을 주장하는 자들 사이의 타협이 아니라 시민 각자가 수용하고 있는 포괄적 신념체계 내에서 규정된 이유들의 총체에 의존하고 있다.[9] 시민들이 공유된 정치관을 지지하는 포괄적 신념체계들을 달리하므로 각각의 정당화의 근거는 다르지만, 시민들은 다른 시민들의 신념체계를 깊숙이 검토하지는 않으며 정치적인 것의 범위 내에서 머무른다. 공유된 정치관에 대한 이런 정치적 정당화는 각자의 서로 다른 포괄적 신념체계 속으로 그 정치관을 내재화시켜서 그 신념체계의 관점에 입각하여 정치적 가치들이 비정치적 가치들보다 우선성을 지닌다는 판단으로 나아가게 한다.[10]

중첩적 합의가 잠정적 타협에 불과한 공동의 이해에 근거하고 있다는 반론에 대하여 롤스는 중첩적 합의와 잠정적 타협은 합의의 목적과 수용근거를 달리한다고 한다. 잠정적 타협은 개인 혹은 집단적 이익의 절충에 기초하고 있는 특정한 권위를 수용하거나 특정의 제도적 질서에 순응한다. 이와 달리 중첩적 합의는 자신들의 포괄적 관점으로부터 출발해서 그 관점이 제공하는 도덕적 근거에 기초하여 정치관을 인정하는 것이어서 도덕적 근거와 관점에 입각해 있다. 또 잠정적 타협이 우연하거나 상대적인 힘의 균형에 따라 안정성을 확보하는 것과는 달리 중첩적 합의는 정치관을 지지하는 다양한 관점들을 수용하는 토대에서 이루어진 것이어서 더욱 견고하게 안정성을 확보할 수 있다고 한다.[11]

롤스는 합당한 다원주의적 관점을 가진 사람들은 모든 시민들이 공정한 조건으로 자신의 인생목표를 추구하는 것을 존중하며, 그런 사람들이 함께하는 사회라면 "정치관 전반에 대하여 반대하거나 또는 양심의 자유나 평등한 기본적 자유 또는 기본적 시민권과 같은 근본적 문제들에 대하여 이의를 제기하는 가치관의 충돌은 발생하지 않을 것"이라고 생각한다. 그런 전제하에서 해결하기 어려운 갈등이 쉽게 일어나지 않도록 기본구조와 제도들을 고안해야 한다고 주장한다.[12]

공적 이성

공적 이성이란 사람들이 "민주주의 사회의 한 시민으로서, 합당하게 받아들일 만한 근거(=이유) 혹은 이성적인 추론 과정을 의미한다."[13] 사실상 합리적이고 합당한 행위를 하는 자들은 항상 이성을 행사하여 자신들의 목표를 설정하고 결정을 내리는 자신들의 고유한 방식을 가지고 있다. 그렇지만 모든 이성이 공적 이성이라고 할 수는 없으며 교회나 협회나 대학 등 많은 시민사회에서 비

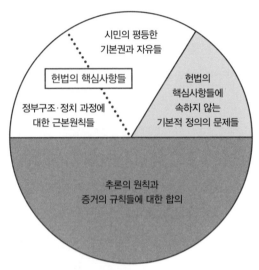

시민의 평등한
기본권과 자유들

헌법의 핵심사항들

헌법의
핵심사항들에
속하지 않는
기본적 정의의 문제들

정부구조·정치 과정에
대한 근본원칙들

추론의 원칙과
증거의 규칙들에 대한 합의

원초적 상황에서의 합의의 대상

공적 이성이 행사된다. 롤스는 공적 이성은 세가지 방식에서 공적
이라고 한다. "첫째, 자유롭고 평등한 시민들의 이성으로서 공중의
이성이다. 둘째, 이 이성이 다루는 주제가 근본적 정치적 정의의 문
제와 관련된 공공선이다. (…) 셋째, 이 이성의 본질과 내용이 (…)
합당한 정치적 정의관에 입각한 공적 추론을 통해 표현된다."**14**

공적 이성은 민주적 사회에서 평등한 시민들의 이성으로서 모든
정치적 질문들에 대한 토론에 적용되는 것이 아니라 공적 정치 공
개토론에서 헌법의 핵심사항들constitutional essentials**•**과 기본적 정의

• '헌법적 본질들', '입헌적 필수사항들' 등으로 번역되기도 하지만 『공정으로서
의 정의: 재서술』의 번역을 따랐다.

의 문제들questions of basic justice과 관계된 질문과 토론에만 적용된다. 모든 시민들로부터 정치적으로 정당화될 수 있어야 하는 영역이기 때문이다(헌법의 핵심사항들과 기본적 정의의 문제들에 대해서는 2부 1장에서 부연설명했다).

이 공개토론forum은 세가지로 구분되는데 판결에 임하는 판사들의 담론이나, 입법가들과 행정가들의 담론, 공직 입후보자들과 선거운동 관계자들의 담론의 경우다. 그중 판사들에게는 공적 이성의 개념이 더욱 엄격하게 적용된다.[15] 정부 공직자가 아닌 시민의 경우에는 시민으로서의 의무를 수행할 때 적용된다.[16] 예를 들자면 대표자를 선출하면서 그들 자신을 이상적 입법가로 생각하고 공적 이성을 위반하는 정부 관료나 공직 후보를 거부하는 때다.

이런 롤스의 주장을 토대로 이 부에서는 중첩적 합의와 공적 이성이 대법원의 전원합의체 판결에 어떻게 나타나고 있는지를 최근 선고된 몇개의 판결을 중심으로 살펴보고자 한다.

먼저 분묘기지권, 제사주재권의 문제를 둘러싼 사건들에서는 전통과 현재적 가치가 충돌하는 사건에서 두 가치가 충돌하는 문제가 대법원의 전원합의체 판결들 속에서 잠정적 타협을 넘어 중첩적인 합의를 이루었는지 살펴볼 예정이다. 혼인과 관련한 친생자 추정 사건은 공적 이성에 의한 중첩적 합의와 전통적 가치에 호소한 비공적 이성이 어떻게 마주쳤고 대법원은 어떤 입장을 택했는지를 보여주는 사건으로 읽었다. 법외노조에 대한 통보 제도를 어떻게 볼 것인지 하는 사건에서는 정의의 원칙들이 적용되는 4단계의 과정에서 문제를 본다면 대법원의 전원합의체 판결은 어떻게 읽을 수 있는지 살펴보고자 했다.

2장 | 전통적 가치와 중첩적 합의

분묘기지권, 제사주재자 사건

잠정적 타협과 중첩적 합의

한국사회는 합당한 다원주의 사회를 향하여 나아가는 사회일까? 우리나라의 경우 '유교에 입각한 전통적인 가치의 존중'이라는 입장이 단일한 포괄적 신념체계로 여전히 위력을 발휘하고 있다. 그러면서도 서구적 자유와 평등이념을 내면화하고 개인주의적인 가치관을 기본적으로 습득한 현대 한국사회에서 전통적 가치는 그 힘이 약화되어가면서 여러 마찰을 일으키고 있다. 2000년대 중반 이후 여성에게도 종중원으로서의 지위를 허용할 것인지, 제사주재자는 어떤 방식으로 정하면 될 것인지 등 유교에 입각한 전통적인 가치가 지배하던 가족 관련 사건에서 전통적인 가치가 대법원의 시험대에 올랐다. 널리 알려져 있듯 대법원은 헌법질서에 위반되는 부분에 대하여 관습법의 효력을 부정하고 여성 종중원을 인정하는 등 과감한 변화를 시도했다. 그렇다면 이런 변화들을 잠정적 타협에 그치지 않고 롤스가 말한 대로 합당한 다원주의 사회의 중첩적 합의를 향한 발걸음이라고 평가할 수 있을까. 나아가 전통적인 가치를 신념체계로 하는 사람들과 현대적 자유와 평등의 이념을 신념체계로 하는 사람들 사이에서 중첩적 합의는 이루어진 것일까.

롤스는 중첩적 합의와 잠정적 타협은 아주 다르다는 점을 그의 저술 곳곳에서 강조한다. 그는 잠정적 타협을 두 국가가 조약을 체결하는 장면을 제시하면서 설명한다. 협상테이블에서 각국은 협정안이 양국 사이의 균형점을 잘 대변할 수 있도록 현명하고 신중하게 행동할 것이다. 그러나 그 조약은 국익에 합치되는 것으로 간주될 때에만 지속될 수 있을 것이며 상황이 변하면 타국의 희생을 대가로 얼마든지 자국의 이익을 추구하게 될 것이다. 이때의 협상은 잠정적 타협에 불과하다. 이처럼 개인이나 집단의 이익에 기초한 사회적 합의나 정치적 흥정은 절충된 이해관계가 유지되는 한 지속될 뿐이므로 잠정적 타협에 그치는 것이 된다.[1] 합당한 다원주의 사회에서의 중첩적 합의는 단지 개인 혹은 집단적 이익의 절충에 기초하여 특정한 권위를 수용하거나 특정의 제도적 질서에 순응하기로 합의하는 것과는 다르다. 각자는 자신의 포괄적 관점으로부터 출발하지만 결국 동일한 정치관에 도달하는 것이므로 종교적, 철학적, 도덕적 근거를 달리하면서도 정치관은 함께할 수 있게 된다.

롤스는 합당한 다원주의 사회가 아닌 단일한 포괄적 신념체계의 사회였던 16세기 유럽사회에서 가톨릭과 프로테스탄트 사이에 이루어진 관용을 잠정적 타협의 사례로 든다. 당시 세력을 팽팽히 겨루던 가톨릭과 프로테스탄트는 서로를 이단으로 보고 그릇된 교리의 확산을 억제해야 한다는 입장이었으나, 결국 서로의 존재를 관용하기로 타협한다. 하지만 이 타협은 어느 한쪽의 힘이 우세해지면 언제든지 깨질 수 있다는 점에서 잠정적 타협에 불과하다. 단일한 포괄적 신념체계의 사회에서는 사회 내에서 소수이며 소수자로 남을 가능성이 높은 집단은 권력배분의 상황이 변하지 않는 한 정치적 정의관의 형성에 영향을 미치기 어렵다고 롤스는 말한다.

전통적인 장묘문화와 관련하여 2017년과 2021년 두차례에 걸쳐 선고된 전원합의체 판결을 통해 우리 사회에서 전통적인 가치의 존중과 개인의 자유와 평등의 존중 사이에서 중첩적 합의가 어디까지 와 있는지 살펴보자.

타인의 땅에 분묘를 설치하는 문화

2017년과 2021년 두차례에 걸쳐서 대법원은 전원합의체 판결로 자신의 소유가 아닌 임야에 설치된 분묘를 수호하는 자가 가지는 지상권과 유사한 물권(분묘기지권)에 대한 제한을 시도했다. 부모에 대한 효사상이나 조상숭배를 표상하는 분묘를 타인 소유의 땅에 설치해도 크게 문제 삼지 않았던 문화가 문제로 드러나기 시작했기 때문이다.

조선시대에는 분묘가 주로 설치되던 산림에 대해서는 민간이나 개인의 소유권이 인정되지 않는 것이 원칙이었다. 매장하는 풍습이 주된 장묘방식이었고, 산지에 분묘가 설치되면 '묘지 점권'이라는 점유권의 형태로 분묘와 그 분묘가 설치된 땅에 대한 권리가 인정되기도 했다.

일제강점기를 거쳐 현행 민법이 시행될 무렵까지도 임야소유권에 대한 권리의식은 매우 낮았고, 임야의 경제적 가치도 크지 않았다. 그에 따라 타인의 임야에 조상의 시신을 매장하는 경우가 많았고, 임야소유자가 명시적으로 이의하는 경우도 드물었다.

일제강점기 조선고등법원은 다른 사람의 토지에 승낙을 받지 않고 분묘를 설치한 사람도 20년간 평온하고 공연하게(따라서 외부에서 알 수 없을 정도로 평장되었거나 암장된 경우에는 인정되지 않는다) 그 분묘를 유지해왔다면, 그 분묘가 설치된 땅에 대하여 지상권[•]과 유사한 물권을 취득하게 되고 등기 없이도 다른 사람들에게 그 권리를 주장할 수 있다고 판결했다. 20년간 분묘를 유지해옴으로써 분묘기지권을 취득하는 이 방법은 분묘기지권의 시효취득**이라고 불린다. 일제강점기를 벗어난 이후 대법원도 분묘기지권의 시효취득을 관습법의 하나로 인정하고, 그 분묘가 존속하고 있는 동안은 분묘기지권이 존속한다고 판결해왔다.

현행 민법 시행 후 임야를 비롯한 토지의 소유권 개념 및 사유재산제도가 확립되고 토지의 경제적인 가치도 상승하여 토지소유자의 권리의식도 향상되어갔다. 반면 상대적으로 타인의 임야에 조상의 시신을 매장하는 문화는 점점 퇴색했다. 이에 따라 토지소유자의 승낙 없이 무단으로 설치된 분묘를 어디까지 보호해야 하는지가 문제로 대두했다.

관습법에 의해서만 규제되던 묘지에 관하여 실정법적 규제가 행해지기도 했다. 일제강점기에 묘지에 관하여 최초로 규율한 '묘지, 화장장, 매장 및 화장취체규칙'***은 묘지의 신설을 엄격하게 규제하고 타인의 묘지 또는 묘지 이외의 곳에 함부로 사체 또는 유골을

• 지상권이란 타인의 땅 위에 건물이나 수목 등을 소유하기 위해 그 토지를 사용할 수 있는 물권을 말한다(물권이란 물건을 직접 지배할 수 있는 배타적인 권리를 말한다).

•• 시효취득이란 일정한 기간(취득시효) 동안 물건을 점유하면 그 물건에 관한 권리를 부여하는 제도에 따른 물권의 취득을 말한다.

••• 1961. 12. 5. 법률 제799호 매장 등 및 묘지 등에 관한 법률 부칙 제2조로 폐지되었다.

매장한 사람을 형사처벌의 대상으로 삼았다.

1962년부터 시행된 '매장 등 및 묘지 등에 관한 법률'(약칭 매장법)•은 시체나 유골의 매장은 묘지 외의 구역에서는 할 수 없고 타인의 묘지에는 그 설치자의 승낙서를 받지 아니하면 매장을 할 수 없다고 규정하고, 이를 위반한 사람을 형사처벌하고 있다. 매장법에 의하면 도지사 등은 묘지 이외의 토지 또는 설치자의 승낙 없이 타인의 묘지에 매장된 시체 또는 유골에 대하여는 일정한 기간 공고를 한 후 그 매장자 기타 연고자에게 개장改葬(분묘를 옮겨 쓰는 것을 말한다)을 명할 수 있고, 무연고 분묘에 대하여는 토지소유자 등이 도지사 등의 허가를 받아 이를 개장할 수 있도록 규정했다.

2001년 1월 13일 시행된 '장사 등에 관한 법률'(약칭 장사법)은 매장법을 전면 개정한 법인데 토지소유자 등이 직접 자신의 승낙 없이 설치된 모든 분묘에 대하여 개장할 수 있게 했고, 장사법 시행 후에 토지소유자의 승낙 없이 해당 토지에 설치한 분묘의 연고자는 토지소유자에게 토지사용권 등의 권리를 주장할 수 없다는 점을 명시했다. 다만 위 규정들은 법 시행 후 최초로 설치되는 분묘부터 적용한다고 하고 있다(부칙 제2조).

2007년과 2015년 개정된 장사법들에서도 위 규정들이 크게 달라지지는 않았으며, 2001년 장사법 시행일 이후 최초로 설치된 분묘

• 1968. 12. 31. 법률 제2069호로 그 명칭이 '매장 및 묘지 등에 관한 법률'로 변경되었다.

2019년 8월 제주에서 일어난 '벌초 전기톱 사건' 역시 장사법 시행 이전 묘지에 대한 분묘기지권 분쟁으로 말미암았다. 땅 주인과 말싸움 끝에 전기톱을 휘두른 60대 남성은 특수상해 혐의로 실형을 선고받았다.

부터 적용한다고 명시하고 있는 점도 같다. 그러므로 이 장사법이 시행된 이후에는 분묘기지권을 토지소유자에게 주장할 수는 없게 되었다. 남는 것은 이 법 시행일 이전부터 무수하게 설치되어 있던 많은 분묘들에 대해서 적용될 법리는 무엇인지 하는 문제다.

장사법 시행 이전에 설치된 분묘는 철거대상이 될 수 없나

2017년 대법원에서는 2001년 장사법 시행 이전에 설치된 분묘의 문제에 대한 전원합의체 판결²을 선고했다. 이 사건은 5개의 분묘와 그 분묘의 수호에 필요한 시설 등을 철거해달라는 소송이었다. 위 장사법의 시행이 그동안 대법원이 인정해오던 분묘기지권의 시효취득에 대한 관습법의 효력에 어떤 영향을 미치는 것인지가 문제되었다. 만일 2001년 장사법 시행 이전에 설치된 분묘에 대하여는 여전히 관습법이 존속하고 있다고 본다면 위 5개의 분묘는 모두 철거대상이 될 수 없지만, 관습법이 더이상 존속하지 않는다면 2001년 장사법 시행을 기준으로 하여 설치 시로부터 20년이 지나서 분묘기지권을 이미 시효취득한 분묘가 아니라면 철거대상이 될 수밖에 없게 된다(이 사건에서는 1기의 분묘 외에는 모두 철거대상이 된다).

다수의견*은 위 장사법의 규정들은 장사법의 시행일인 2001년 1월 13일 이전에 설치된 분묘에 대하여는 대법원이 인정해온 분묘기지권에 관한 관습법의 적용을 여전히 허용하고 있는 것이라고 보았다. 만약 분묘기지권에 관한 관습법을 폐지하거나 변경할 필요가 있었다면 장사법에서 그러한 관습법과 배치恁馳되는 규정을 아예 신설했을 텐데 장사법은 그러한 규정을 두지 않았다는 것이다. 그리고 장사법의 개정시점이나 시행시점 당시에는 법 시행 전에 설치된 분묘에 대하여 분묘기지권 내지 그 시효취득을 인정하는 관습에 관한 사회구성원들의 법적 확신의 변화나 소멸이 없었고, 바로 이런 장사법의 개정이나 시행의 경과 자체가 방증傍證이 된다고 주장한다.●● 그러므로 이 분묘들은 여전히 철거의 대상이 아니라고 했다.

화장률 증가 등과 같이 전통적인 장사방법이나 장묘문화에 대한 사회구성원들의 의식에 일부 변화가 생겼다고 하더라도 여전히 우리 사회에 분묘기지권의 기초가 된 매장문화가 자리잡고 있고

● 다수의견 8, 반대의견 5로 의견이 나뉘었다. 대법원 전원합의체 판결은 다수의견이 항상 법정의견이 되며, 소수의견은 별개의견과 반대의견을 일컫는다. 별개의견이란 다수의견과 결론은 같으나 결론에 이르는 논리는 전혀 다른 경우를 말한다. 보충의견은 다수의견, 반대의견, 별개의견에 대해 미진한 부분을 그 의견에 가담한 대법관의 전부 또는 일부의 이름으로 보충하는 의견이다(김영란 『판결을 다시 생각한다』, 창비 2015, 8면 참조).
●● 관습이 관습법으로 되기 위해서는 사회구성원들의 법적 확신이 필요하므로 법적 확신이 변화하거나 소멸하면 더이상 관습법은 법적 규범으로서의 효력을 잃게 된다. 그런데 장사법이 개정되고 시행되었다는 것은 분묘와 관련한 관습법의 법적 규범으로서의 효력이 여전히 있다는 것을 간접적으로 증명한다는 것이다.

사설묘지의 설치가 허용되고 있으며, 기록상 분묘기지권에 관한 관습에 대하여 사회구성원들의 법적 구속력에 대한 확신이 소멸하였다거나 그러한 관행이 본질적으로 변경되었다고 인정할 수 있는 자료는 쉽게 찾아볼 수 없다.

따라서 전통적인 장사방법이나 장묘문화에 대한 사회구성원들의 인식 변화 등을 근거로 분묘기지권이나 그 시효취득에 관한 관습법의 효력이 부정되어야 한다는 상고이유 주장 역시 받아들이기 어렵다.

반대의견은 장묘문화에 관한 사회 일반의 인식 변화, 장묘제도의 변경 및 토지소유자의 권리의식 강화 등으로 볼 때 분묘기지권 시효취득의 관습에 대한 우리 사회구성원들이 가지고 있던 법적 확신은 상당히 쇠퇴했다고 볼 수 있고, 이러한 법적 확신의 실질적인 소멸이 장사법의 입법에 반영되었다고 보았다. 그러므로 그동안 사실상 영구적이고 무상인 분묘기지권의 시효취득을 인정해오던 종래의 관습은 적어도 장사법이 시행될 무렵에는 법적 규범으로서 효력을 상실했다고 했다.

민법이 시행되고 임야를 비롯한 모든 토지의 소유권이 등기부에 공시됨에 따라 누구나 임야의 소유자를 알 수 있으며, 소유자의 승낙 없이 무단으로 타인 소유 임야를 이용하거나 그 지상에 건물·공작물을 설치하는 행위는 소유권을 침해하는 행위로서 용인되지 아니한다는 것은 이제 일반의 법률 상식에 속하며, 그 공작물이 분묘라 하여 다르지 아니하다.

대법관 김신, 조희대는 다수의견에 대한 보충의견에서 장사법의 시행으로 그동안 인정되어오던 분묘기지권에 관한 법적 확신이 사라졌다고 평가할 수는 없다고 했다. 장사법은 법 시행 후에 설치된 분묘에 대한 규제를 통해 국토의 효율적인 이용 및 공공복리의 증진 등을 도모함으로써 묘지의 부족과 분묘설치로 인한 국토의 효율적 이용 저해 등의 문제를 점진적으로 해소하기 위한 것이고, 장사법 시행 당시까지 인정되어온 분묘기지권에 관한 관습법을 일거에 폐지하기 위한 것은 아니라는 것이다. 즉 다음과 같은 주장을 하고 있다.

경제적 가치가 높아져만 가는 임야의 소유권을 최대한 존중하여야 하고 그에 반비례하여 그 지상 분묘는 그 가치를 낮추는 걸림돌에 불과하므로 되도록 그 굴이●를 쉽게 허용하고자 하는 인식과, 분묘란 쉽게 세우고 쉽게 철거할 수 있는 한갓 공작물과 단순 비교하여서는 아니 되는 정신적 가치를 가진 신성한 장소로서 조

● 굴이(掘移)란 분묘를 파서 옮기는 것을 말한다.

상의 숨결이 살아있는 사람들의 기억속에 남아 있는 한 그 굴이
를 허용하여서는 아니 된다는 인식 사이의 균형추가 흔들리고 있
다는 취지의 반대의견을 받아들인다고 하더라도, 아직은 그 균형
추가 전자(前者)로 넘어가버렸다고 볼 수는 없다.

반대의견에 가담한 대법관 김재형은, 분묘기지권의 취득시효는
재산권에 관한 취득시효 규정을 관습상 분묘기지권에 적용 또는
유추적용한 것으로 보아야 한다는 취지로 반대의견을 보충하는 의
견을 내놓았다. 일제강점기 조선고등법원의 판결이 있던 당시에
분묘기지권의 취득시효가 문제된 분묘는 임야에 관한 근대적인 소
유권이 형성되기 전에 설치된 것이었다. 따라서 분묘를 소유하기
위해 타인의 임야를 점유하는 경우에 임야소유자의 승낙을 받고
분묘의 기지를 점유한다는 근대적인 개념의 소유나 점유의 의사
가 있었다고 상정하기 어려웠다. 일제강점기나 이후의 법원이 분
묘기지권에 관한 시효취득과 관련한 관습을 실제로 확인하고 판단
한 것은 아니었고, 관습상 분묘기지권의 취득시효를 인정하면서도
'재산권 보유 의사', 구체적으로는 '분묘기지권자로서 점유한다는
의사'에 관한 판단도 하지 않았다. 그러나 현재의 시점에서 분묘기
지권의 시효취득이라는 관습법의 존재를 재해석하자면, 분묘를 설
치한 사람이 '토지소유자의 승낙을 받은 것으로 알고 분묘기지권
자로서의 점유를 한다는 의사'가 꼭 필요하다. 특히 토지소유자의

승낙을 받지 않은 사실을 알고 한 점유는 그런 의사가 있었다는 추정도 받지 못하는 점유이므로 그 시효취득을 인정받기 어렵다.• 이런 판결 형성의 배경으로 볼 때 관습에 의한 분묘기지권의 취득에 관한 판결들은 될수록 현재의 법질서에 맞도록 축소해석될 필요가 있다는 것이다.

법원의 판결로 관습법으로 인정되었다고 하더라도 그 근거가 뚜렷하지 않은 경우라면 그 적용범위를 좁히는 것도 법원이 맡은 임무이다. 따라서 분묘기지권의 취득시효와 그 성립요건도 현재의 관점에서 재산권 보장에 관한 헌법 규정, 소유권의 내용과 취득시효의 요건에 관한 민법 규정, 묘지에 관한 장사법의 규정 등을 포함하여 전체 법질서에 부합하도록 해석·적용하여야 한다.

• 일반적으로 취득시효의 완성에 의한 권리의 취득에는 그 권리를 자신의 것으로 보유하려는 의사가 필요하다. 예컨대 취득시효 완성에 의한 소유권의 취득의 경우에는 소유의 의사에 기한 점유가 필요하다. 따라서 분묘기지권자로서의 점유를 한다는 의사에 기한 점유가 없었다면 분묘기지권의 시효취득을 할 수는 없다는 것이다.

장사법 시행 이전에 설치된 분묘의 지료는 지급해야 하는가

시효완성으로 취득한 분묘기지권에 관한 두번째 전원합의체 판결은 분묘기지권을 시효로 취득한 경우 토지소유자에게 지료를 지급할 의무가 있는지가 문제된 사건이었다.[3] 피고의 할아버지와 아버지의 분묘가 있는 임야를 경매로 취득한 원고가 자신이 취득한 날 이후의 지료의 지급을 구하는 소송이었다. 대법원은 이에 대하여 분묘기지권자가 토지소유자에게 지료를 지급해야 한다는 다수의견 8, 별개의견 3, 반대의견 2로 의견이 나뉘었다.

다수의견은 장사법 시행일 이전에 타인의 토지에 분묘를 설치한 다음 20년간 평온·공연하게 그 분묘의 기지를 점유함으로써 분묘기지권을 시효로 취득했더라도, 분묘기지권자는 토지소유자가 분묘기지에 관한 지료를 청구하면 그 청구한 날부터의 지료를 지급할 의무가 있다고 했다. 취득시효의 완성으로 분묘기지권을 취득하는 관습법이 인정되어온 역사적·사회적 배경, 분묘를 둘러싸고 형성된 기존의 사실관계에 대한 당사자의 신뢰와 법적 안정성, 관습법상 권리로서의 분묘기지권의 특수성, 조리와 신의성실의 원칙 및 민법상 지료증감청구권 규정의 취지 등을 종합하여 보면 청구한 날부터의 지료를 지급해야 한다고 보았다.

관습법상 분묘기지권을 인정하는 취지는 분묘의 수호와 봉제사를 위해 필요한 범위에서 타인의 토지를 사용하도록 하려는 것일 뿐 분묘소유자와 토지소유자 중 어느 한편의 이익만을 보호하려는 데 있는 것이 아니다. 그러므로 자신의 의사와 무관하게 성립한 분묘기지권으로 인해 위와 같은 불이익을 감수하여야 하는 토지소유자로 하여금 일정한 범위에서 토지 사용의 대가를 지급받을 수 있도록 함으로써 토지소유자와 분묘기지권자 사이의 이해관계를 합리적으로 조정할 필요가 있다.

대법관 이기택, 김재형, 이흥구는 다수의견과 이 사건에서의 결론은 함께하지만 다수의견의 내용 중 지료지급의무가 토지소유자의 지료청구 시부터 발생한다는 부분에 대해서는 반대하는 별개의견을 냈다. 분묘기지권을 시효취득한 경우 분묘기지권자는 토지소유자에게 분묘를 설치하여 토지를 점유하는 전체 기간 동안 지료를 지급할 의무가 있다고 보아야 한다는 것이다.

20년의 시효기간이 지나 분묘기지권의 취득시효가 완성되기 이전에는 분묘소유자는 토지소유자에게 부당이득반환이나 불법행위로 인한 손해배상책임을 지는데 취득시효가 완성되었다고 하여 점유가 시작된 때로 소급하여 무상의 사용관계로 된다고 볼 수는 없기 때문이라는 이유를 들었다. 시효취득자는 처음부터 무단 점유자가 아니라 분묘기지권을 보유하고 있었던 것으로 간주되고,

그로 인해 시효기간 중 이미 발생했던 부당이득반환의무가 지료지급의무로 변하게 되는 것이라고 한다.

관습법상 분묘기지권의 시효취득을 인정하는 취지는 분묘의 수호와 봉제사를 위하여 분묘가 존속할 수 있도록 하기 위한 것이다. 이를 넘어서서 무단 점유자에게 시효기간 동안 이미 발생한 부당이득반환의무를 면하게 해주거나 종전에 사용대가를 지급하여야 하던 관계를 무상의 사용관계로 전환하기 위한 것이라고 볼 근거가 없다. 분묘를 무단으로 설치한 후 시효기간이 지나 분묘기지권을 시효취득하였다고 하더라도 분묘기지권자는 토지소유자에게 분묘를 설치한 때부터 지료를 지급할 의무가 있다고 보아야 한다.

대법관 안철상, 이동원의 반대의견은 장사법 시행일 이전에 분묘를 설치하여 분묘기지권을 시효로 취득했다면, 분묘기지권자는 토지소유자에게 지료를 지급할 의무가 없다는 것이었다. 지금까지 관습법으로 인정되는 분묘기지권에 관하여 유상성을 내용으로 하는 관습이 확인된 적이 없었으므로 관습상 무상이었다고 보는 것이 자연스럽고 건전한 상식에 부합한다는 것이다.

분묘기지권의 시효취득을 관습법으로 인정하여온 배경과 취지

©서울시설공단

우리나라의 장례문화는 2000년대를 기점으로 매장에서 화장으로 빠르게 변화했다. 보건복
지부 장사정보서비스 'e하늘 장사정보'에 따르면 2022년 화장률은 91.7퍼센트에 이른다. 사
진은 서울시립승화원 용미리 추모의 집 옥외납골시설.

를 고려하면, 지료의 수수나 청구조차 없이 20년 이상의 장기간 평온·공연하게 분묘기지의 점유가 계속되었다면 토지소유자가 묵시적으로 분묘기지권자의 무상의 토지 사용을 용인하였거나 적어도 분묘기지권자는 그와 같이 알고 분묘기지를 점유해왔다고 보는 것이 자연스럽다. 그에 따라 분묘기지권자는 시효기간 동안 계속된 사실관계와 동일한 내용의 권리, 즉 지료지급의무를 부담하지 않는 분묘기지권을 취득한다고 보아야 한다.

다수의견에 대한 대법관 박상옥, 민유숙, 노정희, 노태악의 보충의견에서는 별개의견과 반대의견이 제시하는 몇가지 논점들을 반박하면서 분묘기지권을 둘러싼 사회·문화적 환경이 크게 변화한 이상 사용대가에 대한 대법원의 판단도 달라질 수밖에 없다고 했다.

매장법, 장사법 등의 제정·시행으로 화장·봉안시설이나 묘지가 확충되고 장묘문화가 점차 매장에서 화장 중심으로 변경되고 있으며, 적법하게 설치된 공설·사설 묘지에 관해서도 사용료·관리비를 납부하는 것이 자연스럽게 되는 등 분묘기지권을 둘러싼 사회·문화적 환경도 지속적으로 변화하고 있다. 분묘기지권을 둘러싼 이러한 사회·경제적 사정의 변동으로 종전의 사용관계를 그대로 유지하는 것이 사회정의감에 비추어 공평하지 않게 되었으므로 분묘기지권자는 토지소유자의 청구에 따라 그 기지 사용의 대가를 지급하여야 한다고 봄이 타당하다.

분묘기지권을 둘러싼 다양한 의견들과 중첩적 합의

국내를 여행하다보면 우리나라 산야에는 무수히 많은 분묘가 설치되어 있는 것을 보게 된다. 그 많은 분묘들 중 장사법이 시행된 이후에 설치된 분묘들에 대해서는 장사법의 규정을 따른다고 할지라도 그 이전에 설치되어 평온·공연하게 20년이 경과한 분묘들(현재의 시점에서는 장사법 시행 이전에 설치된 분묘는 일단 20년을 경과했다)에 대해서는 그 분묘들이 타인 소유의 임야 등에 설치되어 있더라도 여전히 분묘가 존속되는 한 분묘기지권은 인정되고 토지소유자가 청구하기 이전의 지료는 받을 수 없다는 것이 대법원의 결론이다. 그리고 그 결론의 배경에는 장묘문화에 대한 전통은 여전히 관습법으로서 위력을 발휘한다는 판단이 있다. 토지소유자가 지료를 청구하면 그때로부터 지료를 지급해야 한다는 정도가 달라진 부분이다. 두 전원합의체 판결이 합의에 이르지는 못했지만 장사법의 시행으로 분묘기지권의 시효취득은 더이상 인정되지 않는다는 새로운 법질서가 적용됨을 전제로 한 결론들이므로 미래와 큰 연관이 있는 문제는 아니다. 그런데도 두 판결이 그동안의 장묘문화에 대해 시도한 재해석을 통하여 미래의 변화 추이를 짐작할 수 있다.

조상들의 분묘를 수호해야 한다는 절대적 가치가 재산권 행사의 자유와 보호라는 근대적인 가치에 자리를 물려주는 광경은 우리 사회에서 절대다수의 지지를 받던 한 포괄적 신념체계가 맞은 상황의 변화를 잘 보여준다. 이 판결들이 비록 전통적 가치에 입각하여 결론을 내린 것처럼 보일지라도 헌법적 가치들에 의해 선택된 결론과 함께할 수 있는 여지 또한 넓혔기 때문이다. 미래의 장묘문화는 전통적 가치들의 존중에서 출발하더라도 그 구체적인 방식은 현재 우리가 직면하는 가치들과 중첩적 합의를 이룰 수 있는 방식이 될 것임을 짐작해볼 수 있다. 롤스가 말하는 잠정적 타협을 넘어서 중첩적 합의가 가능한 단계로 넘어가고 있다고 할 수는 없을 것인가.

전통적 가치들은 우리 사회에서 점점 절대적인 가치를 내려놓고 평등원칙이라든지 재산권보호의 원칙이라든지 하는 헌법적 가치들에 그 자리를 물려주고 있다. 2008년과 2023년의 제사주재자를 다루고 있는 전원합의체 판결들도 같은 문제에 대하여 우리 사회가 고민한 바를 드러낸다.

제사주재자를 정하는 문제의 변천

2008년 대법원은 민법에 규정된 '제사주재자'를 어떻게 해석할 것인가에 대하여 중요한 판결을 내렸다.[4] 2008년 판결의 다수의견은 종손을 원칙적인 제사주재자로 인정해오던 종전의 관습은 변화한 가족제도에 맞지 않는 것으로서 더이상 관습법으로서의 효력이 없고 상속인들이 협의해서 제사주재자를 정하는 것이 조리에 맞는다고 판결했다.

협의가 되지 않을 때가 문제인데 그럴 경우 장남, 장남이 사망한 경우에는 장남의 아들이 제사주재자가 되고, 아들이 없을 경우에는 장녀가 제사주재자가 된다고 했다. 당시 대법관으로 재직하면서 이 판결에 관여했던 나는 상속인들이 협의하지 못했을 경우에는 다시 장남(장남이 사망한 경우에는 장남의 아들)이 제사주재자가 된다는 결론은 종손이 제사주재자가 된다는 관습법을 무효라고 선언한 것과 맞지 않는다고 비판하고 법원이 개별사건의 특수성을 고려해서 판단해야 한다는 반대의견②에 가담했다.* 제사주재자에 대한 법의식의 변화를 보여주었다는 점에서 중요했던 이 판결은 결국 2023년 제사주재자에 대한 두번째 전원합의체 판결이 나옴으로써 변경을 면치 못했다.[5]

---

* 반대의견①은 다수결에 의해야 한다는 것이었으며, 반대의견③은 사망한 사람의 생전 의사가 가장 중요하다는 입장이었다. 더 자세히는 『판결을 다시 생각한다』, 189~210면 참조.

누가 제사주재자가 되어야 하는가

2008년의 사건에서 6명의 자녀를 두었던 아버지는 다른 여자와 다시 가정을 이루고 살면서 3명의 자녀를 낳았다. 아버지가 사망한 후 두번째로 일군 가정의 처와 자녀들만 모여서 장례를 지내고 본인 생전에 마련해둔 공원묘지에 매장했다. 그러자 아버지의 묘를 선산으로 이장하기를 원했던 첫번째 가정의 가족들과 두번째 가정의 가족들 사이에서 대립이 발생했다. 당시의 다수의견이 협의가 안 될 경우 장남이 제사주재자가 된다고 판결해서 유해는 장남이 있는 첫번째 가족들에게 인도되어야 한다고 결론지어졌다.

2023년에 문제된 사건도 기본적인 얼개는 2008년도의 사건과 유사하다. 2023년에 문제된 사건에서는 첫번째 가정에서는 두 딸이 있었던 아버지가 두번째 가정에서는 아들을 두었다는 점이 다를 뿐이다. 다만 아버지 사망 당시 첫번째 가정의 두 딸은 23세, 17세였고, 두번째 가정의 아들은 11세로서 장녀는 성인이고 장남은 미성년이었다.

제1심과 제2심은 모두 2008년도의 판례에 좇아서 장남이 제사주재자로서의 권리를 가지므로(실제로는 장남이 미성년자이므로 그 법정대리인인 어머니가 유해를 점유·관리 중이었다) 유해에 대한 권리가 장녀 측에는 없다고 해서 원고들(장녀와 차녀, 그리고 그들의 어머니)의 청구는 받아들여지지 않았다.

그러나 대법원은 다수의견과 별개의견* 모두 2008년 전원합의
체 판결이 공동상속인들 사이에 협의가 이루어지지 않는 경우 특
별한 사정이 없는 한 장남 또는 장손자 등 남성 상속인을 제사주재
자로 우선한다고 판단한 것은 더이상 조리에 부합한다고 보기 어
려워 유지될 수 없다고 판단했다. 2008년 판결은 성별에 의한 차별
을 금지한 헌법 제11조 제1항 및 개인의 존엄과 양성의 평등에 기
초한 혼인과 가족생활의 성립과 유지를 보장하는 헌법 제36조 제
1항의 정신에 합치하지 않으며, 현대사회의 제사의 의미가 부계혈
족인 남성 중심의 가계계승에서 망인에 대한 경애와 추모의 의미
로 변화하고 있다는 점 등이 2023년 대법원 판결의 근거였다.

　다만 다수의견은 공동상속인들 사이에 협의가 이루어지지 않는
경우 피상속인의 직계비속 중 남녀, 적서를 불문하고 최근친의 연
장자가 제사주재자로 우선한다고 보는 것이 가장 조리에 부합한
다고 보았다. 그러나 별개의견은 망인의 명시적·추정적 의사, 망인
이 생전에 공동상속인들과 형성한 동거·부양·왕래·소통 등 생활
관계, 장례 경위 및 장례 이후 유체·유해나 분묘에 대한 관리 상태,
공동상속인들의 의사 및 협의가 불성립된 경위, 향후 유체·유해나
분묘에 대한 관리 의지와 능력 및 지속가능성 등 제반 사정을 종합
적으로 고려하여 누가 유체·유해의 귀속자로 가장 적합한 사람인

---

* 다수의견과 별개의견은 9 대 4로 나뉘었다.

지를 법원이 개별적, 구체적으로 판단해야 한다고 했다.

다수의견은 제사주재자를 정할 때 피상속인과 그 직계비속 사이의 근친관계를 고려하는 것이 자연스럽고, 직계비속 중 최근친인 사람들이 여러명 있을 경우에 그들 사이의 우선순위를 정하기 위한 기준이 필요한데, 같은 지위와 조건에 있는 사람들 사이에서는 연장자를 우선하는 것이 우리의 전통 미풍양속에 부합할 뿐만 아니라, 실제 장례나 제사에서도 직계비속 중 연장자가 상주나 제사주재자를 맡는 것이 우리의 문화와 사회 일반의 인식에 합치한다는 점을 논거로 들고 있다.

> 제사주재자는 금양임야*, 묘토 등 제사용 재산에 관한 권리를 가짐과 동시에 유체·유해의 처리 또는 분묘의 관리 등에 관한 의무를 부담하거나, 제사 관련 비용 등을 현실적으로 부담하게 되는데, 향후에는 제사에 대한 의식이 점차 약해짐에 따라 제사주재자의 일처리나 의무부담이 더욱 부각될 수밖에 없다. 그렇다면 제사주재자를 정할 때 같은 근친관계에 있는 직계비속 사이에서는 연장자를 우선하는 것에 대해서 우리 사회 전반의 인식이 이를 용인하지 않는다고 보기도 어렵다.

• 금양임야(禁養林野)란 묘를 수호하도록 나무나 풀을 함부로 베지 못하게 한 임야를 말한다.

별개의견은 제사에 관한 관행, 관념, 제사절차와 형식 등이 다양해졌고, 유체 등의 귀속을 둘러싼 분쟁도 다양한 유형으로 나뉘고 있으므로 신분관계에 따라 일률적으로 특정인을 정하는 방식은 더 이상 구체적인 타당성을 확보할 수 없다고 보았다. 그러므로 법원이 개별 분쟁에서 중요한 요소들을 종합적으로 고려하여 유체·유해를 관리하며 제사 기타 추모의식을 주재하기에 적합한 사람을 판단하는 것이 바람직하다고 주장한다.

제사용 재산의 승계나 유체·유해의 귀속을 둘러싼 분쟁을 다루는 법원으로서는 개별 사건에서 분쟁해결을 위한 전제로서 누가 제사를 주재하거나 향후 주재하는 데 적합한 사람인지 심리·판단하여야 하고, 그 판단의 준거로서 제반 사정을 종합해서 고려하는 것은 조리나 정의, 형평의 원칙 등에 비추어 정당화된다.

다수의견과 별개의견에서 가장 눈에 띄는 부분은 '배우자'에 관한 부분이다. 별개의견은 법원이 앞서 든 제반 사정을 종합적으로 고려하여 누가 유체·유해의 귀속자로 가장 적합한 사람인지를 개별적, 구체적으로 판단하게 되면 '다수의견과 달리' 여기에는 배우자가 포함된다고 지적했다.

이에 대하여 다수의견의 보충의견은 제사주재자의 결정에서 생존 배우자를 배제하고 있지 않다고 반박했다.

'상주는 남자만' 관례 깨고
장례문화 개척하는 여성들

누나 여럿 있어도 막내아들이
딸만 있는 집은 사위가 상주로
"여자는 머리에 핀만" 강요돼

관련 설문 응답 60% "동의 못해"
최근엔 여성들이 영정사진 들기도
장례문화진흥원 "관습 벗어나야"

생전에 '예쁘고 만발이'는 것을 좋아한 언니였다. 지난 10일 갑작스레 친언니를 떠나보낸 싱어송라이터 이랑(35)은 빈소를 '언니 취향'으로 꾸몄다. 유쾌한 화려한 댄스복을 걸어두고, 요술봉과 토끼 인형 등으로 '공주풍'의 세단을 차렸다. 장애아동을 가르치는 특수교사였던 언니는 살아 댄서이기도 했다. 이랑은 언니와 함께 했던 '댄스'란 언니들에게 "언니가 좋아나는 방식으로 장례를 치르자"고 제안했고, 빈소에서 음악을 틀고 춤도 췄다.

하지만 여서가 장례를 주관하는 '상주'를 맡기까진 장벽이 있었다. 방린 장례식장 상담실에서 이씨가 '장주 완복과 완장을 달라'고 하자 상조회사 직원은 "여자는 상주 완장을 착용할 수 없고, 머리에 핀만 꽂을 수 있다"고 답했다. 이씨는 "장례는 치러야 할 것 같아서 '저 남자가 아니라 그냥 옷 주세요'라고 말하고 완복과 완장을 했다고 말했다.

2021년에도 여전히 여성들은 '상주 투쟁'을 하고 있다. 누나가 여럿 있어도 막내아들이 상주를 하고, 딸만 있는 경우엔 사위가 상주를 서는 게 '관례'다시다. 서울 서대문구에 사는 김아무개(40세)는 "빨간 넥타이 큰언니가 상주를 맡겠다고 했더니, 장례남자자가 '차라리 사위나 남자 조카를 보내달라'고 요구했다"고 한다.(서울시 신림등문화센터 발표 사례) 한국여성정책연구원의 지난해 조사에서도 남성이 상주나 영정사진·위패를 드는 역할을 맡고 있다는 응답이 약 95%에 달했다. 그러나 '상주는 남성이 해야

한다'는 의견에 '동의하지 않는다'는 응답이 60%에 이를 정도로 사회적 인식이 바뀌고 있다. 다만 생전에 상례식에 대한 논의가 금기시되다 보니, 갑작스레이 죽음이 찾아와도 여성은 소용의 관례를 따르며 분란을 일으키지 않으려 하는 경향이 있다.

전자음악 작곡가 윤지영(37세)은 지난 9월 발 아버지 상례를 치르면서 상주를 하고 영정사진도 들었다. 큰딸인 윤씨는 "밥이 울던데, 어머니가 살아서 유일한 남성이 세부(동생의 남편)가 상주를 할 사나고 생각하고 있었다"며 "아버지와 더 오랜 시간을 보낸 세가 상주를 해야 하고고 실늑했고 후회하지 않는다"고 했다. 3년 남성 조문객들은 이런 윤씨를 보며 "그래도 상주는 남자가 해야 하는데…" 하며 지나가기도 했다. 윤씨는 "남사전 조조사 먼저 태어났다는 이유로 동생은 세워야고, '저와 제부' 둘 중 한 명이 상주를 해야 한다고 생각했다"며 "저보나 아버지와 마지막 시간을 더 많이 보낸 동생이 상주를 맡겠다고 자처했더라면 그게 더 맞는 선택이었을 것 같다"고 했다.

정부의 장사 정책 및 장례문화 업무를 위탁·대행하는 한국장례문화진흥원 관계자는 "입니에 벗어나도 '여자라고 왜 상주를 할 수 없느냐', '외동딸인 내가 상주를 해야 하지않느냐'고 물는 상담 전화가 온다"며 "이미 많은 기존 관습에서 빗어나 용기 있게 새로운 장례문화를 개척하고 관장하는고 말했다.

박수지 기자 suii@hani.co.kr

상주 완장과 암벡을 착용한 싱어송라이터 이랑.
이철씨 제공

©한겨레

2021년 음악가 이랑이 직접 상주를 맡아 언니의 장례를 치른 데 대한 보도. 이후 제사주재자에 대한 대법원 판결이 내려졌음에도 남성만 상주가 될 수 있다는 관습은 여전히 굳건한 듯 보인다.

피상속인의 배우자는 공동상속인 중 1인으로서 공동상속인들의 협의가 있는 경우에는 당연히 제사주재자가 될 수 있고, 피상속인의 직계비속 모두에게 제사주재자의 지위를 인정할 수 없는 특별한 사정이 있는 경우에도 배우자가 제사주재자로 인정될 수 있다. (…)

배우자는 일반적으로 망인의 생존 시 가장 밀접한 생활관계를 맺어온 사람으로서 장례절차의 진행이나 제사 봉행, 분묘 수호에 가장 큰 애정과 관심을 갖기 마련이므로, 제사주재자의 지위를 인정할 수 없는 특별한 사정을 판단할 때 생존 배우자의 의사가 적절하게 반영되도록 할 필요가 있다.

그러나 공동상속인들 사이의 협의가 없어서 다수의견의 법리대로 가게 되면 피상속인의 '직계비속 중 최근친의 연장자'가 제사주재자로 우선하므로 배우자는 직계비속이 아니어서 원칙적으로 제사주재자가 될 수 없고, 피상속인의 직계비속 모두에게 제사주재자의 지위를 인정할 수 없는 특별한 사정이 있는 경우에도 마찬가지다. 별개의견에 대한 대법관 민유숙의 보충의견은 이 점을 지적하고 있다. 게다가 순위에 따라 제사주재자가 정해지게 되면 선순위자를 배제시키기 위해서는 선순위자들이 왜 제사주재자로 부적합한 특별한 사정이 있는지를 주장하고 입증해야 한다. 그렇게 될 경우 서로 제사를 주재하고 망인을 추모하겠다면서 시작한 재판은 눈뜨고 볼 수 없는 막장드라마로 추락될 우려도 다분하다.

다수의견은 제사주재자를 공동상속인 중에서 인정하는 것이 아니라 '혈족'의 범위 내에서 별도로 범위와 순위를 정하였고, 여기에 배우자는 포함될 여지가 없다. 위와 같이 다수의견에 의하면 배우자가 전적으로 배제되기 때문에 별개의견이 이를 다투는 것이다.

나아가 다수의견이 제사주재자로 배우자를 포함하는지 여부에 관계없이, 배우자가 후순위로 제사주재자가 된다면 그 자체로 타당하지 않다.

다수의견은 특정인을 제사주재자로 정하는 일률적 규율방식을 택하면서 그 순위에서 배제하는 예외사유를 포괄적으로 넓게 허용하고 있다. 이러한 판단구조는 재판을 선순위자의 부적합성을 밝히는 데 집중시킴으로써 일종의 '불효증명 재판'으로 격하시킨다. 그 문제점을 이미 별개의견에서 밝힌 바 있다.

이에 더하여 배우자를 가장 후순위의 제사주재자로 포함시킨다면, 배우자는 제사주재자가 되기 위하여 선순위에 있는 피상속인의 모든 직계비속들이 제사주재자로 부적합하다는 점을 주장·증명하여야 한다. 그 직계비속들이 피상속인과 배우자 사이의 친생자 및 그 자녀들이라면 부당함이 더욱 크다. 배우자가 피상속인의 유체·유해를 관리하고자 한다면 자신이 낳은 자녀들 및 손자녀들 전원의 잘못과 제사주재자로서 부적합하다는 것을 소송에서 드러내야만 한다는 것이다. 이는 사회통념과 윤리의식에 부합하지 않는다.

전통적 가치관과 중첩적 합의

2008년과 2023년 두 판결 사이에는 15년이라는 세월이 놓여 있다. 분묘의 수호라든지 제사에 대한 우리나라의 전통이 조선시대 이후부터로만 보아도 수백년이라는 점을 고려할 때 15년이라는 세월이 그다지 길다고 할 수는 없다. 그러나 전통에 대한 우리 사회의 변화속도는 무서울 정도로 빠르다는 것을 두 판결은 보여주고 있다. 롤스가 16세기 유럽사회를 두고 말한 잠정적 타협과는 달리, 지금 우리 사회에서는 개인의 존엄과 평등의 원칙이 어떤 전통적인 포괄적 신념체계보다 우월한 가치라는 걸 이 두 판결에서 알 수 있다. 이 두 판결은 롤스가 말하는 정치적 정의관이나 중첩적 합의라는 개념을 사용하지 않았는데도 잠정적 타협이 어떻게 중첩적 합의로 나아가고 그 깊이와 넓이를 확장해가는지를 볼 수 있도록 해준다. (유사한 경우로 재산권보호 원칙을 들 수 있다. 분묘기지권과 관련한 2개의 전원합의체 판결에서 보듯 재산권의 경우 포괄적 신념체계를 달리하는 사람들 사이에서도 많은 부분에서 합의가 이루어졌고 이루어져가고 있다.)

우리 사회가 롤스가 염려하듯 부분적으로는 "극심하게 갈등적인 정치적 및 경제적 이해관계에 의해 지지되고 또 이러한 이해관계를 조장"하는 사회의 면모가 있을지라도(1부 1장 참조), 적어도 전통적인 사상에 내포된 여러 차별과 그로 인한 불협화음의 문제에서만큼은 과감한 변화를 추구하고 있고 중첩적 합의에 가까워지고 있다고 할 수 있을 것 같다. 다수의견과 별개의견, 반대의견 들을 대비하여 보면 여전히 변화가 필요한 부분이 남아 있다고 볼 수 있으나 그 변화의 방향과 속도만은 분명하다. 우리 사회가 "합당한 다원주의 현실로 인한 합당한 불일치"의 사회로서 어떤 지향을 해나가야 할지, 또는 해나갈 수밖에 없는지를 볼 수 있는 판결들이라 평가하고 싶다.

3장 | 전통적 가치와 공적 이성

친생부인의 한계 사건

비공적 이성의 정치적 정당화

롤스의 중첩적 합의는 신념체계들이 다양하게 공존하는 자유민주주의를 전제하고 그 속에서 의견불일치를 좁혀주는 방법을 모색하는 과정에서 도입되었다. 롤스는 시민들이 '동일한' 포괄적 신념체계 내에서 공적인 정치관을 승인한다는 것을 전제하지 않는다는 점을 강조한다. 다원주의에서는 모든 시민이 정치적 정의의 근본문제를 해결하기 위해 합의할 혹은 합의할 수 있는 동일한 포괄적 신념체계가 존재하지 않기 때문이다.[1] 이때 '분명하고 매우 체계적이며 포괄적인 신념체계'를 지지하는 시민들도 있고, 그 어떤 분명한 포괄적 신념체계도 지지하지 않는 시민들도 있을 수 있다. 그리고 포괄적인 신념체계들은 다양하게 생겨나고 지속될 것이다.[2]

정의를 포괄적 신념체계의 일부가 아니라 정치적 관점으로 보는 정치적 자유주의의 입장에서 볼 때 정치적 정의관을 형성하는 이성은 공적 이성이다. 그러나 포괄적 신념체계들은 그 자체로 이성과 정당화 근거를 가지는데 이때의 이성은 비공적 이성이다.

롤스는 미국의 남북전쟁 전 노예제도 폐지론자들을 들어서 어떻게 자신이 믿는 포괄적 신념체계 속에서도 다른 포괄적 신념체계를 믿는 사람들과 중첩적 합의를 이루게 되는지를 설명한다. 남북전쟁 전 노예제도 폐지론자들은 정치적 가치에 호소하여 주장하면서도 그 근간에는 항상 명백한 종교적 근거를 두고 있었다. 인간은 신과 정의 앞에서 소유물이 될 수 없는데도 인간을 포획하여 소유할 수 있는 존재로 삼는 것은 창조자에게 모욕을 주는 것이며 타락된 사회악을 감염시키는 것과 같다는 종교적 신념이 노예제도 폐지론자들의 근간이 되는 생각이었다. 그들이 결과적으로는 '모두에 적용되는 자유와 평등'이라는 정치적 가치들을 지지했다고 할수도 있겠으나, 당시로서는 당대의 자신들이 신봉했고 그 시절을 풍미했던 포괄적 신념체계 속에서 그러한 정치적 가치들이 기초했던 포괄적 근거들을 찾아내어 호소할 수밖에 없었다. 이는 특정한 종교를 믿는 사람들이 그 종교에 따른 비공적 이성에 따랐을 경우에도 공적 이성에 의한 중첩적 합의에 다다를 수 있다는 것을 보여

미국 국립문서기록 관리청의 수정헌법 제13조. 1865년 12월 발효되어 공식적으로 노예제도를 폐지하는 내용을 담고 있다. 미국 남북전쟁 이후 채택된 3개의 재건 수정헌법 조항 중 첫 번째 조항이다.

준다.[3]

'유교에 입각한 전통적 가치'를 존중해야 한다는 입장이 여전히 유효한 포괄적 신념체계로 자리잡고 있는 한국사회에서도 비공적 이성이 공적 이성을 뒷받침하는 사례를 찾아볼 수 있을까? 전통적 가치가 여전히 절대적으로 중요한 가치를 점하고 있는 가족 관련 사건이 이 문제에 대해 어떤 접근을 하고 있는지 살펴보기로 한다.

가족과 전통적 가치

근대법을 들여온 이래로 가장 많이 변한 분야가 가족관계인 것 같다. 정치나 경제 모든 부문이 빠르게 변해가기는 하지만 가장 우리 피부에 와닿는 것이 가족 간의 질서라든지 가족 구성의 변화라든지 하는 것이다. 2000년대 중반 이후 대법원은 유교에 입각한 전통적인 가치가 지배하던 가족 관련 사건에서 과감한 변화를 시도했다. 혈족주의, 장자우선주의, 남녀차별 등 근대법의 정신과 일치하지 않는 많은 가치들을 전통에 대한 존중이라는 이념만으로는 끌고 나갈 수 없다는 판단 때문이었다.

전통사회에서는 아들을 낳지 못하면 칠거지악의 하나로 되어 남편에게는 아내를 내쫓을 수 있는 권한이 주어졌다고 한다. 실제로 칠거지악을 들어서 이혼을 하는 사례는 드물었고 조선시대 후기에는 딸이라도 출산했으면 칠거지악에 해당하지 않는 것으로 바뀌었다고는 하지만 근대법이 들어온 이후에도 오랫동안 여성들은 아들을 낳지 못해서 강제로 이혼당할 수도 있는 위험에서 벗어나지 못했다. 더이상 전통사회의 규범을 그대로 지키면서 살 수는 없다는 걸 단적으로 보여주는 사례다.

2019년 대법원 전원합의체는 자녀를 출산할 수 없는 남편과의 사이에서 인공수정으로 임신했거나 다른 남자와의 사이에서 아이를 포태하여 출산한 경우 남편과 아이들 사이의 친자관계는 친생부인의 소를 제기할 수 있는 기간이 지난 이후에도 정정대상이 되는지의 문제에 대하여 판결했다.[4] 모자관계는 출산이라는 사실에 의해 친자관계가 성립하는 자연적 친자관계이지만, 부자관계는 법률이 인정하는 경우에만 친자관계가 성립한다는 의미에서 법률적 친자관계다. 민법의 친생추정 규정은 아내가 '혼인 중'에 임신한 자녀를 출산한 경우 그 자녀를 남편의 친생자로 추정하고 있다. 한편 민법은 친생추정 규정에 따라 형성된 부자 사이의 친자관계를 제거할 수 있는 방법을 열어두고자 친자관계의 부인권을 남편과 아내에게 인정하고 있다(민법 제847조 친생부인의 소).

그러나 민법은 친생부인의 소는 남편 또는 아내가 친생부인의 사유가 있음을 안 날부터 2년 내에 제기해야 한다는 제소기간을 정하고 있다(민법 제847조 제1항). 제소기간이 지난 다음에는 그 추정이 진실에 반하는 것으로 밝혀지더라도 추정을 번복시킬 수 없다.

이외에 민법은 이해관계인 등이 친생자관계존부확인의 소를 제기하는 길을 열어두고 있는데(민법 제865조) 친생추정을 받은 경우에는 친생부인의 소에 의해야 하고 친생자관계부존재확인의 소를 제기할 수 없다.* 그런데 '혼인 중'이었다면 인공수정이나 다른 남자와의 사이에서 아이를 포태하여 낳은 경우에도 이런 강력한 친생추정 규정이 그대로 적용되는가가 이 사건의 쟁점이었다.

혼인 중 임신한 자녀의 친생추정 문제

A는 B와 1985년 혼인신고를 마친 법률상 부부였는데 결혼 후에도 자녀가 생기지 않자 1992년경 병원에서 검진을 받았고 A가 무정자증이라는 진단을 받았다. 이에 A와 B는 제3자로부터 정자를 제공받아 시험관시술을 통해 자녀를 갖기로 했다. 이후 B는 C를 임신하여 출산했고, A는 A와 B의 자녀로 C의 출생신고를 마쳤다.

그 후 B는 다른 사람과의 관계를 통해 D를 임신하여 출산했고, A는 A와 B의 자녀로 D의 출생신고를 했다.

A와 B는 부부갈등으로 협의이혼하기로 하고 법원에 그 의사 확

---

* 친생부인의 소는 친생자로 추정을 받는 경우 그 친생관계를 부인하기 위해 제기하는 소로서 그 사유가 있음을 안 때로부터 2년 내에 제기해야 하지만, 친생자관계존부확인의 소는 친생추정을 받지 않는 경우에 그 친자관계를 다투기 위한 소로서 당사자 일방이 사망하지 않은 이상 제소기간의 제한이 없다.

인신청서를 제출했고, 협의이혼 이행각서와 친권포기각서를 작성하여 공증받았다. 이 각서에는 A와 B의 재산분할에 관한 내용 외에도 C와 D의 친권이나 양육비 문제 등에 관한 합의사항도 포함되어 있었다.

C와 D는 A가 자신들과 혈연을 같이하는 아버지가 아니라는 사실을 알지 못한 채 살아오다가 협의이혼의사 확인신청 무렵 A와 B가 다투는 과정에서 A가 하는 말을 듣고 그 사실을 알게 되었다.

A는 C, D와 자신과의 사이에서는 친생자관계가 존재하지 않는다는 내용의 확인을 구하는 이 사건 소를 제기했고, A와 B는 이혼하기로 하는 등의 내용으로 조정이 성립되어 이혼사건은 종결되었다.

A가 친생자관계가 존재하지 않는다는 확인을 구하는 이 사건 소의 제1심 법원이 혈액 및 유전자 감정을 촉탁한 결과 A와 C 및 A와 D는 유전학적으로 부炆와 자녀관계에 있다고 볼 수 없다는 결과가 나왔고, 제1심 법원과 제2심 법원이 B에 대한 시험관시술을 한 병원에 그 사실 여부를 조회했으나, 병원은 의료기록 보존기간이 지나 기록이 남아 있지 않다고 회신했다.

제1심은 두 경우 모두 혼인 중에 임신하여 출산한 경우로서 친생자로서 추정을 받는다고 보았다. 따라서 친생부인의 소송이 아닌 친생자관계부존재확인의 소송으로는 친생자관계를 다툴 수 없다는 이유로 소 자체를 제기할 수 없다는 취지의 소 각하 판결을 선고했다. 제2심은 C에 대해서는 제1심과 같은 결론을 내렸지만,

D의 경우에는 친생자로서 추정을 받지 않는다고 보고 친생자관계 존부에 대해서도 판단했다. 이에 따라 친생자관계는 없으나 양친자관계가 성립했는데 이를 해소할 만한 사유가 인정되지 않는다는 이유로 제1심과 같은 판결을 했다.

대법원 전원합의체 판결의 다수의견[*]은 A와 C, A와 D 모두 혼인 중에 출산한 자녀들이므로 친생자로 추정된다고 보았다. 따라서 A가 친생추정을 받는 C, D에 대하여 친생부인 사유가 있음을 안 날부터 2년 내에 친생부인의 소를 제기하여 친생자관계를 부인하는 판결을 받았어야 하고, 친생부인의 소가 아닌 친생자관계존부확인의 소를 제기한 것은 적법한 소의 제기가 될 수 없다고 판단함으로써 제1심 판결과 결론을 같이했다.

다수의견: 혼인 중에 출생한 자녀는 친생자로 추정된다

먼저 C와 관련해서 살펴보자. 1958년 민법 제정 당시에는 아내가 인공수정으로 자녀를 임신할 수 있다는 가능성을 상정하지 못했기 때문에 이에 관한 규정은 없었다. 그러나 아내가 혼인 중에 임신한 자녀를 남편의 자녀로 추정한다고 정하고 있었으므로 그

---

[*] C와 관련해서는 다수의견 9와 별개의견① 3, 별개의견② 1로, D와 관련해서는 다수의견 9와 별개의견 3, 반대의견 1로 나뉘었다.

문언상 자연적 방법이 아닌 인공수정으로 임신한 자녀에 대해서도 친생추정 규정은 적용되어야 한다. 이런 취지에서 보자면 정상적으로 혼인생활을 하고 있는 부부 사이에서 제3자의 정자를 이용한 인공수정을 통해 자녀를 가지는 데에 남편이 동의했다면 친생추정 규정은 적용되어야 하고, 남편이 인공수정에 동의했다가 나중에 이를 번복하고 친생자임을 부인하는 소를 제기하는 것은 허용되지 않는다. 그리고 부부가 정상적인 혼인생활을 하고 있는 경우 출생한 인공수정 자녀에 대해서는 다른 명확한 사정에 관한 증명이 없는 한 남편의 동의가 있었던 것으로 볼 수 있다고 했다.

인공수정 자녀에 대해서 부부와 법적 친자관계가 성립되지 않는다고 한다면, 이는 법적 안정과 평화를 깨뜨려 인공수정 자녀를 법적 보호가 없는 공백상태로 만드는 것이 된다. 남편에게 친생부인의 소를 제기할 수 있도록 하는 것이 남편의 기본권이라고 말할 수 없고, 오히려 남편이 가정생활과 신분관계에서 누려야 할 인격권, 행복추구권, 개인의 존엄과 양성의 평등에 기초한 혼인과 가족생활에 관한 기본권의 보장과 실현을 해하는 것이 될 뿐이라는 것이 다수의견의 취지다.

혼인을 바탕으로 형성된 가족생활에 대한 보호의 필요성은 혼인 중 출생한 자녀가 인공수정 자녀라는 이유로 달라지지 않는다. 임신하게 된 구체적 경위에 따라 혼인 중 출생한 자녀에 대한 법적 지위가 달라진다고 볼 법적 근거가 없다. 정상적인 혼인관계를 유지하고 있는 상태에서 출생한 인공수정 자녀에 대해서 성적 교섭에 의해 출생한 자가 아니라는 이유로 친생추정 규정의 적용을 배제할 합리적인 이유도 없다.

친생추정 규정은 혼인 중 출생한 자녀에 대해서 출생과 동시에 안정된 법적 지위를 부여하여 법적 보호의 공백을 없애고자 한 것이다. 이것은 혼인 중 인공수정으로 출생한 자녀에 대해서도 마찬가지이다.

다음으로 D에 관해서 보면, 혈연관계가 없다고 하여 친생추정이 미치지 않는다고 해서는 안 된다고 다수의견은 판단하고 있다. 혈연관계가 기준이 되면 친자관계를 증명하기 위해 감정을 하게 되기도 하고, 제3자가 다른 사람의 가정에 뛰어들어 다른 사람의 아내가 출산한 자녀에 대하여 자기 자식이라고 주장하면서 친자감정 등을 요구할 수도 있어 사생활 침해로 인한 피해가 심각하게 될 수 있다. 부부 사이, 자녀와 부모의 관계에서 형성된 사생활이 모두 침해된다. 특히 자녀의 사생활은 자녀의 복리와도 직접적으로 관련된 것으로 더욱 보호할 필요가 있다. 부부가 이혼을 하는 등 현재 가족을 이루고 있지 않다는 사정을 이유로 침해가 정당화되어서도 안 된다. 사생활은 과거의 것이었다거나 현재 부부관계가 해소되었다는 이유로 그 보호의 정도가 달라지는 것도 아니기 때문이며,

부부의 혼인관계가 종료되어 가정이 해체되는 사정이 있더라도 자녀의 신분관계의 법적 안정을 유지할 필요는 남는다. 가정의 해체 후에도 종전 가족구성원들은 기존에 형성된 법률관계를 기반으로 온전하고 안정적인 사회생활을 계속해나갈 법적 이익을 가지므로 친생추정 규정은 혼인관계에 있는 부부나 자녀 개인을 보호하는 데 그치지 않고 친자관계 자체를 보호하는 기능도 있다.

생물학적 혈연관계가 없다는 점은 친생부인의 소로써 친생추정을 번복할 수 있게 하는 사유가 되지만 친생추정이 미치지 않는 범위를 정하는 사유로 될 수는 없다. 만일 친생추정이 미치지 않는 전제사실로 본다면 소를 제기할 수 있는 자격(원고적격)과 소 제기 기간을 제한한 친생부인의 소의 존재를 무의미하게 만드는 것이 된다. 친생부인권을 실질적으로 행사할 수 있는 기회를 부여받았는데도 제소기간이 지나도록 이를 행사하지 않아 더이상 이를 다툴 수 없게 되었다 해도 남편이 가정생활과 신분관계에서 누려야 할 인격권, 행복추구권, 개인의 존엄과 양성의 평등에 기초한 혼인과 가족생활에 대한 기본권을 침해한다고는 볼 수 없다. 이런 취지로 판결한 다수의견의 한 부분을 직접 읽어보자.

혼인 중 아내가 임신하여 출산한 자녀가 남편과 혈연관계가 없다는 점이 확인되었다는 사정만으로 곧바로 친생추정이 미치지 않는다거나 친생추정의 예외에 해당한다고 보아 누구든 언제든지 친생추정 규정에 따라 친생자로 추정되는 부자관계를 다툴 수 있다고 해서는 안 된다. 이는 정상적인 혼인생활을 하고 있는 것을 전제로 가정의 평화를 유지하고 자녀의 법적 지위를 신속히 안정시켜 법적 지위의 공백을 방지하고자 하는 친생추정 규정 본래의 입법 취지에 반하기 때문이다. 친생추정 규정을 통하여 형성된 법률관계가 오랜 기간 유지되어 견고해진 경우 이와 같이 형성된 자녀의 지위에 대해서는 누구든 쉽게 침범할 수 없도록 하여 자녀의 지위를 안정적으로 보장할 사회적 필요성도 있다.

별개의견①: 인공수정 자녀는 친생자이며 사회적 친자관계의 도입이 필요하다

대법관 권순일, 노정희, 김상환의 별개의견①은 이 사건 소는 모두 부적법하다고 한 다수의견과 결론은 같다. 그러나 C에 대해서는 남편의 동의와 승인과 상관없이 친생자이므로 친생부인의 소를 제기할 수 없다고 주장하여서 다수의견과 논거를 달리했고, D에 대해서는 사회적 친자관계가 형성되었으므로 친생자관계부존재확인의 소는 적법하지 않다고 보았다.

다수의견은 C의 경우 친생자추정 규정이 적용되기는 하지만 인공수정이라는 방법에 동의했거나 동의가 아니더라도 자의 출생 후에 친생자임을 승인한 경우에는 다시 친생부인의 소를 제기하지 못한다고 판단했으나 이 부분에 관하여 의견을 달리한다는 것이다. C의 경우는 친생자로 '추정'되므로 친생부인의 소를 제기하지 못하게 된 경우와는 달리, 인공수정이라는 보조생식의 방법에 동의함으로써 생물학적 자녀관계와 상관없이 친생자라고 본다. 그리고 이와 같은 남편과 아내의 합치된 의사 및 시술에 대한 동의를 사후적으로 번복하는 것은 허용될 수 없다. 이 부분 의견을 직접 읽어보자.

> 혼인 중인 남편과 아내가 인공수정 자녀의 출생에 관하여 의사가 합치되어 이를 토대로 제3자의 정자를 제공받아 인공수정이라는 보조생식 시술에 동의함으로써 자녀가 출생하였다면 그 자녀는 그 부부의 친생자로 보아야 한다. 이렇게 보는 것이야말로 헌법에 규정된 국민의 행복추구권, 사생활의 비밀과 자유, 가족생활의 보장 원칙에 부합하고, 가족관계에 관한 민법 규정과도 조화를 이루며, 법이 추구하고자 하는 기본적인 가치와 사회 일반의 보편적인 법감정 및 법의식에도 맞는다. 나아가 이와 같은 남편과 아내의 합치된 의사 및 시술에 대한 동의를 사후적으로 번복하는 것은 허용될 수 없다. 이는 인간의 존엄과 가치에 대한 헌법적 결단과 친자관계에 관한 민법의 기본질서 및 선량한 풍속에 반하는 것이기 때문이다.

동성 부부, 비혼 동거, 1인 가구 등 가족의 형태가 점점 다양해지고 있다. 혈연을 중심으로 한 가부장적 가족제도에서 벗어나기 위해 새로운 상상력이 필요한 때다. 사진은 2021년 6월 가족구성권연구소가 주최한 워크숍 현장.

별개의견①은 D의 경우, 혼인 중 아내가 임신하여 출산한 자녀가 남편과 혈연관계가 없음이 밝혀졌다 해도 여전히 친생자로서 추정된다는 점에 대하여는 다수의견과 견해를 같이하지만, 친생추정 규정의 적용 범위에 관한 제한 여부와 그 판단 기준에 대하여는 의견을 달리했다.

법률상 친자관계 내지 가족관계는 여전히 생물학적 혈연관계에서 출발하고 있다고 할 수 있으나, 생물학적 혈연관계와 무관한 사회적 친자관계 내지 가족관계도 이미 우리 사회의 전통 속에 존재하고 오늘날의 사회제도 안에서 보다 다양한 방식으로 수용·인정되고 있다. 더이상 부부가 자녀와의 사이에 혈연관계 부존재만을 이유로, 또 아내가 남편의 자녀를 임신할 수 없는 외관상 명백한 사정이 있는지의 여부만을 기준으로 친자관계를 부정할 수는 없다.•

남편과 자녀 사이에 혈연관계가 없음이 과학적으로 증명되고 그

• 대법원은 그동안 남편 또는 아내가 오랫동안 해외에 머물렀다든지 하는 겉으로 보아 자녀를 임신할 수 없었던 사정이 명백한 경우에는 혼인 중 출생한 자녀라도 친생자로 추정되지 않는다고 하여 예외를 인정해왔다(이른바 '외관설'). 이 판결에서 다수의견은 외관설에 대해서는 명백히 언급하지 않은 채 혈연관계가 없다는 것만으로 친생자추정의 예외가 된다고 할 수 없다고만 밝혔을 뿐이다. 별개의견①은 외관설을 친생자추정의 예외로 삼는 종래의 판결은 사회적 친자관계 유무를 기준으로 수정되어야 한다고 주장하고 있다. 뒤에서 살펴볼 반대의견은 외관설을 확대하여 '동거의 결여' 외에도 여러 사정들을 두루 평가하여 '외관상 명백한 사정이 있는지'를 판단해야 한다고 주장하고 있다.

들 사이에 사회적 친자관계가 형성되지 않았거나 파탄된 경우에는 친생추정의 예외로서 친생부인의 소에 의하지 아니하고도 그 친자관계를 부정할 수 있으나, 혈연관계가 없음이 과학적으로 증명되었더라도 사회적 친자관계가 형성되어 있는 경우에는 함부로 친생추정 예외의 법리로써 친자관계를 부정할 수 없다고 보아야 한다. 이때 사회적 친자관계란 "부와 자 사이에 부자로서의 정서적 유대가 형성되어 있고, 부가 부로서의 역할을 수행할 의사를 가지고 자를 보호·교양하는 등 생활의 실태가 형성되어 있는 상태"를 의미한다.

그런데 D는 그동안 A가 자신과 혈연관계가 없음을 알지 못한채 살아오다가 B와 이혼하는 과정에서 자신이 친자가 아니라고 말하는 것을 듣고 이를 알게 되었으나 그 이후에도 여전히 A를 자신의 아버지로 생각하며 A가 자신의 아버지로 남아주기를 바라면서 이 사건 청구를 다투고 있다. 그러므로 A와 D 사이에 사회적 친자관계가 소멸되었다고 보기 어렵다. 이 부분도 직접 읽어보자.•

사정이 이와 같다면, A와 D 사이에 사회적 친자관계가 소멸되었다고 보기 어렵고 친생추정 규정을 통해서 보호하여야 할 자의 이익이 존재하지 않는다고 볼 수 없다. 따라서 D는 여전히 (…)

• A, B, C, D 등 부호는 필자가 편의상 붙였으며, 이하 같다.

A의 친생자로 추정되고, A가 친생추정을 받는 D에 대하여 친생
자관계존부확인의 소에 의하여 그 친생자관계의 부존재확인을
구하는 것은 허용되지 않는다.

대법관 김재형은 다수의견에 대한 보충의견에서 대법관 권순일
등이 별개의견①에서 주장한 '사회적 친자관계'의 개념이 일관된
개념이 아니고 가변적이어서 기준으로 삼아서는 안 된다고 주장한
다. 그 이유의 일부를 소개해본다.

별개의견이 판단 기준으로 제시하고 있는 '사회적 친자관계'는 평
가적인 요소가 많아 일관된 기준으로 작용하기 어렵다. 또한 사
회적 친자관계의 파탄은 당사자가 의도적으로 만들어낼 수도 있
을 뿐만 아니라 가변적이다. 재판 시점에서 보아 사회적 친자관
계가 파탄된 것으로 볼 수 있더라도 그 관계가 다시 회복될 수 있
다. 별개의견은 자녀가 생부와 사회적인 친자관계를 형성해온 경
우에는 친생추정의 예외를 인정하여 생부와 법률상 친자관계를
확보할 수 있게 해주어야 한다고 보고 있으나 자녀와 생부의 사
회적 친자관계 역시 가변적일 수 있다는 점도 가볍게 볼 수 없다.

별개의견② 및 반대의견: 인공수정의 동의 인정은 엄격해야 하고 혼인 중이라도 친생추정의 예외는 인정된다

대법관 민유숙은 C와 관련해서는 독자적인 별개의견을, D와 관련해서는 반대의견을 주장했다. C의 경우 다수의견과 결론은 같지만 A의 동의가 추정된다는 다수의견의 논거에는 반대한다는 것이고, D에 관하여는 친생자관계가 추정되지 않는다고 보고 양친자관계가 성립되었는지에 대해서는 더 심리할 필요가 있다는 이유로 사건을 제2심 법원으로 돌려보내야 한다고 주장했다.

C의 경우 (의사가 합치되었다는 이유로 친생자관계의 성립이라는 효과를 발생시키는 권순일 등의 별개의견①과는 달리) 인공수정 출생 자녀의 친자관계에 관한 입법이 없는 이상 민법상 친생추정 규정을 적용한다는 점에 대해서는 다수의견과 견해를 같이한다.

인공수정 자녀의 친자관계 성립에 관하여 친생추정 규정이 적용된다고 하는 이상 친생부인의 소에 관한 규정 역시 적용될 수밖에 없고, 이에 따라 친생부인의 소를 제기할 수는 있다. 그러나 남편이 인공수정에 동의한 경우에는 친생자관계를 부정할 수 없다. 남편의 동의는 인공수정 시술이라는 의료행위에 대한 것이지만, 동의에 따라 인공수정이 행하여지므로 향후 출생할 자녀의 친자관계를 인정하는 취지로 볼 수 있기 때문이다. 다만 동의 여부는 증거에 의해 인정되어야 함은 당연하고 동의를 추정 내지 의제할 수는 없다고 한다. 아래에서 직접 인용한 구절로 보자.

> 다수의견은 더 나아가 '다른 증명이 없는 한 동의가 있었던 것으로 보아야 한다'는 것인바, 동의의 인정 요건에 관한 부분에서 다수의견과 견해를 달리한다.
>
> 동의가 중요한 법률적 의미를 갖는 이상, 동의를 하였는지 여부는 증거에 의하여 인정되어야 함은 당연하고 동의 사실이 인정되지 않는 경우는 물론 동의 여부가 불분명하여 결과적으로 동의 사실을 인정하기 어려운 경우까지 동의를 추정 내지 의제할 수는 없다. 또한 남편이 인공수정 출생사실을 알지 못하였던 이상, 자신의 출생자로 여겨 출생신고를 하고 양육하였다고 할지라도 이를 들어 동의한 것으로 볼 수도 없다. 동의 없이 또는 배우자의 의사에 반하여 작출된 동의서에 기초하여 인공수정이 진행되었을 개연성이 현존하는 이상 동의 인정 요건은 강화되어야 하지, 완화될 수 없을 것이다.

제2심은 D에게 민법의 친생추정이 미치지 않으나 A와 D 사이에 입양의 실질적 요건이 모두 갖추어져 양친자관계가 유효하게 성립되었다고 판단했다. 이에 대하여 다수의견과 대법관 권순일, 노정희, 김상환의 별개의견① 모두 입양의 효력에 관한 판단으로 나아갈 것 없이 D에 대해서 친생추정이 미친다고 보고 있다. 그러나 대법관 민유숙의 반대의견은 D에 관해서는 친생추정이 미치지 않는다고 보아야 하고, 이 점에 대해서는 제2심이 타당하다고 본다. 또한 입양의 효력이 인정되는지에 관하여는 제2심 판단에 입양의 효력과 묵시적 추인에 관한 법리를 오해하여 필요한 심리를 다하지 않은 잘못이 있으므로 더 심리가 필요하다고 했다. 이하에서 이유의 일부분을 보자.

원심*이 인정한 사실관계에 따르면, A는 2008년에 이르러 D가 자신의 친생자가 아니라는 사실을 명확하게 알게 되었다는 것이므로 D에 대한 출생신고 당시부터 이 시기까지 A에게 입양의사가 있었다고 보기는 어렵다. 원심은 A가 이 사건 소를 제기한 무렵인 2013년까지 D가 친생자로 출생신고 된 사실에 관하여 이의를 제기하지 않았다거나 D와 동거한 사정만 인정하였을 뿐이어서 무효인 입양을 묵시적으로 추인하였다고 쉽게 단정할 것은 아니다. (…)

원심으로서는 A가 이의를 하지 않았다는 사정에 더하여 당시의 상황과 A의 태도 등 제반 사정을 세심하게 심리하여 입양의사와 추인 여부에 관하여 판단해보았어야 한다.

---

* 제2심을 말한다.

비공적 이성이 공적 이성의 결과를 지지한 사례

이 사건에서 다수의견, 별개의견①, ②, 반대의견 등이 고려해야 했던 점은 인격권, 행복추구권, 개인의 존엄과 양성의 평등에 기초한 혼인과 가족생활에 관한 기본권, 사생활에 대한 보호를 받을 권리, 자녀의 신분관계의 법적 안정 등이다.

이 중 다수의견은 부父의 인격권과 자녀의 신분관계의 법적 안정 사이의 균형을 찾아갔다고 볼 수 있고, 권순일 등의 별개의견①은 사생활에 대한 보호, 자녀의 신분관계의 법적 안정에 더 무게를 둔 것으로 보인다.

반면 민유숙의 별개의견②와 반대의견은 부의 인격권에 더 방점을 찍은 것으로 평가된다. 반대의견이 보여주는 것이 때로는 과거의 모습이기도 하고 미래의 모습이기도 하지만, 이 사건에서는 친자관계를 둘러싼 과거의 모습과 미래의 모습을 동시에 보여주고 있다는 것이 흥미롭다. 상속에 의한 부富의 승계 문제 등 재산공동체로서의 가족이라는 모습을 잠시 접어두고 본다면, 혈연이 차별과 배제가 되지 않을 미래사회를 떠올릴 때 자신의 혈연을 과학적 정밀성에 기초하여 밝히고 가족관계등록부에 등재하는 것은 거리낄 일이 아니다. 그런 사회는 사회적으로 친자관계가 형성되어 가족으로 살아가는 실상이 중요할 뿐 가족관계등록부에 어떻게 기재

되어 있는지는 중요하지 않은 사회일 것이기도 하다. 그러나 현재 우리 사회가 그런 미래를 기준으로 친자관계를 판단할 수 있는 사회인지 하는 의문은 여전히 남는다.

다수의견은 민법의 친생추정 규정의 문언적 해석을 엄격하게 함으로써 결과적으로 가족의 영역을 견고하게 보호하는 선택을 했고, 권순일 등의 별개의견①은 사회적 친자관계라는 새로운 관념을 도입하여 새로운 세대에 가족관계를 맞춰보려는 시도를 했다. 이 모든 의견들이 주창하는 정치적 가치는 인격권, 행복추구권 등 기본권의 가장 근본적인 가치들인 것만은 확실하다. 롤스에 의하면 헌법의 핵심사항들로서 공적 이성에 의한 중첩적 합의가 필요한 영역이다.

우리 사회가 혈연을 중시하는 사회이며 혈연이 가족 구성의 기초가 된다는 생각에서 벗어나기란 쉽지 않은 사회로서 우리의 전통은 여전히 강고하다. 그러나 분분한 의견들이 나왔던 이 사건에서는 전통적 가치를 중시하는 신념체계에 의한 선택과는 조금 다른 결론을 이끌어내고 있다. 롤스식의 공적 이성에 의한 중첩적 합의를 이끌어내지는 못했지만 헌법의 핵심사항들에 대한 재해석을 해보려는 노력이 조금씩 다른 모습으로 드러났다고 할 수 있다. 전통적 가치에 호소한 비공적 이성이 여전히 지배적인 가운데서도 글머리에서 든 미국의 노예제도 폐지론자들처럼 공적 이성에 의한 선택 결과에 다가간 사례라 보고 싶은 이유는 그 때문이다.

4장 | 정의의 원칙 적용 4단계론

전교조 법외노조 사건

정의의 원칙 적용의 4단계

롤스에 의하면 정의의 원칙들은 4단계 과정에 따라 채택되고 적용된다. 첫째 단계는 무지의 베일 뒤에서 정의의 원칙을 채택하는 단계다. 둘째 단계는 정의의 원칙이 채택된 후 이에 비추어 헌법의 원리들과 규칙들이 기초되는 제헌위원회의 단계다. 헌법의 전문前文과 정치제도들, 그리고 그 제도들이 실행되는 방식들이 정해지는 데 정의의 제1원칙인 "최대한 평등한 자유의 원칙"이 적용되는 단계다. 셋째 단계는 헌법이 허락하고 정의의 원칙이 요구하고 허용하는 대로 법이 제정되는 입법 단계다. 모든 종류의 사회적·경제적 입법 등이 행해지는 단계로서 정의의 제2원칙인 "차등의 원칙"과 "공정한 기회균등의 원칙"이 적용되는 단계다. 그리고 넷째 단계는 행정기관이 법을 적용하고 시민들이 이를 따르며 사법부 구성원들이 헌법과 법률을 해석하는 마지막 단계다.[1]

롤스는 첫째 단계는 무지의 베일 뒤에서 진행되지만, 다음 단계로 옮겨 올수록 무지의 베일이 점차적으로 엷어져서 당사자들이 이용할 수 있는 지식에 대한 제한은 점차 완화된다고 한다. 당사자들이 원초적 입장에서 정의의 원칙을 채택한 후 제헌위원회의 단계에서는 헌법을 선택하게 되는데, 이 단계에서는 이미 채택된 정의의 원칙이 갖는 제한조건 아래에서 정부가 가지는 헌법상의 권한과 시민의 기본권을 위한 체제를 구상한다. 이 단계에서는 무지의 베일이 부분적으로 걷히게 되지만 여전히 자신의 사회적 지위나 타고난 천부적 자질의 위치, 자신의 가치관 등은 알지 못한다. 다만 사회와 관련된 일반적 사실들, 즉 그 자연적 여건 및 자원, 그 경제발전의 수준과 정치 및 문화 등을 알게 된다. 그 단계에서 알고 있는 사실들을 토대로 가장 효율적이고 정의로운 헌법을 택하게 된다. 다음 단계인 입법의 단계에서는 정의의 제1원칙인 최대한 평등한 자유의 원칙이 유지되는 것을 전제로 하여 사회적·경제적 정책들이 공정한 기회균등의 조건 아래 최소 수혜자의 장기적인 기대를 극대화하는 데 목표를 두어야 한다. 마지막의 행정부와 사법부에서의 법규의 적용과 시민들의 법규의 준수 단계에서는 모든

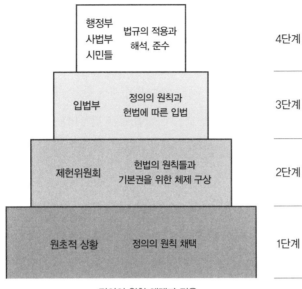

		4단계
행정부 사법부 시민들	법규의 적용과 해석, 준수	
입법부	정의의 원칙과 헌법에 따른 입법	3단계
제헌위원회	헌법의 원칙들과 기본권을 위한 체제 구상	2단계
원초적 상황	정의의 원칙 채택	1단계

정의의 원칙 채택과 적용

정보가 완전히 알려지게 된다. 즉 개인들의 사회적 지위, 천부적 속성, 특유한 이해관계 등 모든 개인들에 대한 특수한 사실들이 알려져서 개개인의 특징과 상황에 따라 법규가 채택되고 적용된다.[2]

각 단계들마다 당사자들은 무지의 베일이 조금씩 걷히는 가운데 헌법을 선택하고 입법을 하고 법규를 적용하거나 준수하게 된다. 그러나 현존하는 사회가 심각한 부정의를 내포하고 있을 때 제공되는 정보들에 따라 선택한다는 것이 무슨 의미가 있을지 하는 의문이 생긴다. 롤스는 이 문제에 대하여 미국에서 처음 헌법이 제정될 때의 상황을 전제로 설명한다. 당시의 지식의 한계로 인하여 노예제라든지 여성 및 재산적 조건을 충족하지 못한 사람들에 대한 참정권이 제한되었다든지 하는 현재의 시점에서 보면 정의롭지 못한 헌법이 채택되었다. 그러나 롤스는, 합의당사자들이 자신들의 원칙들을 선정하는 것은 영속적인 구속력을 지니는 것도 아니고 그 정의관이 일거에 모든 사람들에게 적용되는 것으로 고정되는 것도 아니라고 지적한다. 정의개념은 항상 반성적인 숙고된 판단에 의해 점검될 수 있기 때문이다.[3]

제2차세계대전 이후 많은 국가들은 적어도 표면적으로는 입헌민주주의 국가임을 표방하고 있다. 그러므로 형식적으로는 롤스의 4단계 이론 중 첫째 단계와 둘째 단계까지는 이미 진행되어 있는 상태일 경우가 대부분일 것이다. 입법의 단계인 셋째 단계에서도 헌법을 위반한 법률이 제정되는 경우가 있고 우리나라에서는 헌법재판소가 법률의 위헌성 심사를 하고 있다. 넷째 단계에 있어서도 행정기관이 제정한 시행령 등이 헌법을 위반하거나 상위법을 위반한 경우도 있다. 그럴 경우에는 대법원과 일반 법원이 그 심사와 해석 권한을 가지고 있다. 그러나 각 단계들이 명확하게 구분되는 것이 아니므로 헌법을 개정하지 않고는 법률해석만으로는 불가능한 문제들이 생기기도 하고(우리나라의 수차례에 걸친 헌법개정의 역사와 롤스가 지적했듯이 미국의 최초의 헌법이 노예제 폐지나 여성참정권 등의 문제로 거듭 수정되어온 것 등의 예를 보면 알 수 있다), 법률이나 행정기관이 제정한 시행령의 위헌성이 문제되면서 첨예한 헌법논쟁으로 내닫는 경우도 있게 된다. 또 행정기관이 제정한 시행령이 상위법의 위임 없이 제정되어서 무효인지, 위임이 필요 없는 집행명령인지 등이 문제되기도 한다.

전교조 법외노조통보취소 사건에 관한 2020년의 대법원 전원합의체 판결[4]은 '해고된 노동자의 조합원으로서의 자격 문제'에 대하여 입법적으로는 규정이 없는 상태에서 행정기관이 조합원의 자격이 없다고 보고, 상위 법률의 위임 없이 시행령에서 정한 법외노조 통보 제도를 이용하여 통보했을 때 그 통보가 무효로 되는지를 판단한 사건이었다. 노동조합법의 위임 없이 법외노조 통보 제도를 시행령으로 규정한 것이 헌법상 법률유보원칙●에 반해 무효인지, 무효라면 고용노동부장관의 전국교직원노동조합에 대한 법외노조 통보는 그 법적 근거를 상실하여 위법한지가 문제였다.

롤스의 4단계 이론의 마지막 단계, 즉 행정기관의 법 적용이 문제된 것이지만, 시행령이 상위법의 위임 없이 제정되어 무효인지, 위임 없이도 제정 가능한 경우인지, 위임 없이 제정 가능한 경우라 해도 그 내용 자체가 노동권에 대한 헌법상의 권리를 침해해서 무효로 되는 것인지 등이 판단되어야 하는 사건이었으므로 단순히 마지막 단계의 문제라고만 할 수는 없었다. 롤스가 지적하듯 시민들의 정의관은 고정된 것이 아니고, 한 번의 합의가 영속적으로 구

● 국민의 기본적 권리와 의무는 국회에서 제정되는 법률에 의해서만 제한 또는 부과된다는 원칙을 말한다.

속력을 가지는 것은 아니라는 점을 전제로 헌법상 노동3권의 본질에 대한 반성적 숙고와 재점검의 필요성이 대두된 사건이었다.

전교조 법외노조 통보

판결에 나오는 사실관계는 이렇다. 원고는 교원의 노동조합이 허용되지 않던 1989년 전국의 국공립학교와 사립학교의 교원을 조합원으로 하여 설립되었다. 설립 당시 원고의 규약은 조합원의 자격에 '현직 교원'뿐만 아니라 '해직 교원'도 포함하고 있었다.

그후 '교원의 노동조합 설립 및 운영 등에 관한 법률'(교원노조법)이 제정되어 1999년 7월 1일 시행됨에 따라 실정법상 교원노동조합의 설립이 허용되었다. 교원노조법은 법상 '교원'을 '현직 교원'으로 한정하고, 다만 단서 규정에서 '해고된 사람으로서 노동조합법에 따라 노동위원회에 부당노동행위의 구제신청을 한 사람은 중앙노동위원회의 재심판정이 있을 때까지 교원으로 본다'고 규정하고 있었다(이 단서 규정은 2020년 일부 개정되면서 삭제되었다).

교원노조법이 제정·시행됨에 따라 원고는 1999년 6월 27일 전국대의원대회를 개최하여 규약 제6조에서 해직 교원도 조합원에 포함시켰던 규정은 삭제하기로 의결했다. 원고는 1999년 7월 1일 설립신고를 하면서 위와 같이 개정된 규약을 제출했다. 피고(당시에는 노동부장관이었으나 현재는 고용노동부장관으로 변경)는 원고가 제출한 개정규약을 기초로 원고가 교원노조법 및 노동조합법상 설립요건에 위배되는 점이 없다고 판단하여 1999년 7월 2일 설립신고를 수리하고 원고에게 신고증을 교부했다.

위 설립신고 수리 이후 피고는 원고의 규약 부칙 제5조에 "부당해고된 교원은 조합원이 될 수 있다"는 등의 조항이 포함되어 있는 사실을 확인했다.

피고는 원고의 규약 중 부칙 제5조 등이 교원노조법에 위반된다는 서울지방노동위원회의 의결을 받은 다음, 원고의 규약 중 부칙 제5조 등 일부를 시정할 것을 명했고, 원고는 시정명령이 위법하다고 주장하면서 그 취소를 구하는 소를 제기했다. 법원은 위 시정명령 중 일부는 취소했지만 부칙 제5조 관련 부분에 관한 청구는 받아들이지 않았다. 그리고 이 판결은 원고의 항소와 상고가 모두 기각됨으로써 그대로 확정되었다.

원고는 2010년 8월 14일 규약을 개정했으나 개정된 규약에도 여전히 "부당하게 해고된 조합원은 조합원자격을 유지한다"라는 규정을 두고 있었고, 피고는 다시 서울지방노동위원회의 의결을 거쳐 시정명령을 했고 원고는 그 명령에 따르지 않고 있었다.

피고는 2013년 9월 23일 교원노조법, 노동조합법, 교원노조법 시행령, 노동조합법 시행령에 의해 2013년 10월 23일까지 위 부칙 조항을 시정하고 조합원이 될 수 없는 해직자가 가입·활동하지 않도록 조치할 것을 요구했다. 피고는 그 시정요구서에 "만약, 위 기한 까지 시정요구를 이행하지 아니하는 경우에는 교원노조법에 의한 노동조합으로 보지 아니함을 통보할 예정이니 유념하시기 바랍니다"라고 기재했다.

그러나 원고는 시정요구에 따른 이행을 하지 않았고, 이에 피고는 2013년 10월 24일 원고를 '교원노조법에 의한 노동조합으로 보지 아니함'이라는 내용으로 이른바 법외노조 통보를 했다.

교육부장관은 2013년 10월 25일 각 시·도교육청에 「전국교직원노동조합 '노조아님 통보'에 따른 휴직사유 소멸 통보 및 후속조치 이행 협조 요청」이라는 제목의 공문을 보냈다. 그 주요 내용은 이 사건 법외노조 통보에 따라 원고가 노동조합 명칭 사용, 단체교섭 등과 같은 노동조합으로서의 지위 및 권한을 상실하게 되었으니, 각 시·도교육청은 ① 노동조합 전임자에 대한 휴직허가 취소 및 복직 발령, ② 원고에게 지원한 사무실 퇴거 및 사무실 지원금 반환 요청, ③ 기존에 체결된 단체협약의 2013년 10월 24일 이후 효력 상실 및 현재진행 중인 단체교섭의 중지, ④ 조합비 급여 원천징수 금지, ⑤ 각종 위원회 위원 중 단체협약에 의하여 원고 조합원이 위원으로 참여한 경우 단체협약의 효력 상실로 인한 위원 자격 상실 등과 같은 후속조치를 이행하고, 2013년 12월 2일까지 이행 결과를 교육부에 보고하라는 것이었다.

이 사건의 주요 쟁점은 고용노동부장관의 2013년 10월 24일자

ⓒ전교조신문 교육희망

2020년 내려진 대법원 전원합의체 판결로 전교조 법외노조 통보는 무효화되었고 현재 전교조는 국가를 상대로 손해배상청구 소송을 진행 중에 있다.

법외노조 통보가 적법한가였다.

다수의견, 별개의견, 반대의견: 법외노조 통보 제도에 대한 다양한 의견들

다수의견●은 법외노조 통보는 노동조합에 대하여 법률상 보호만을 제거하는 것이 아니라 헌법상 노동3권(단결권, 단체교섭권, 단체행동권)을 실질적으로 제약하는 것이어서 법률의 명시적이고 구체적인 위임 없이 시행령 규정만으로는 그 통보를 할 수 없다고 보았다. 그러므로 법외노조 통보를 규정한 시행령 규정은 헌법상 법률유보원칙에 반하여 무효이고 그 규정에 의한 법외노조 통보도 무효가 된다. 아래는 이 부분에 관한 다수의견의 일부다.

노동조합법상 노동조합으로 인정되는지 여부는 헌법상 노동3권의 실질적인 행사를 위한 필수적 전제가 되고, 이미 적법한 절차를 거쳐 설립된 노동조합에 대한 법외노조 통보는 아직 법상 노동조합이 아닌 단체에 대한 설립신고서 반려에 비하여 그 침익성侵益性이 더욱 크다. 따라서 이처럼 강력한 기본권 관련성을 가지

● 다수의견 8, 2개의 별개의견, 반대의견 2.

는 법외노조 통보에 관하여는 법률에 분명한 근거가 있어야 한다고 보는 것이 헌법상 법률유보원칙에 부합한다. 그런데 현행 노동조합법은 그 제정 당시부터 현재까지 설립신고서 반려에 관하여는 이를 직접 규정하면서도 그보다 더 침익적인 법외노조 통보에 관하여는 아무런 규정을 두고 있지 않고, 이를 시행령에서 규정하도록 위임하고 있지도 않다.

대법관 김재형은 별개의견①에서 다음처럼 주장했다. 법외노조 통보는 단순히 통보를 받는 노동조합이 법에 의한 노동조합이 아니라고 알려주는 것에 지나지 않는다. 그러므로 법외노조 통보를 규정한 시행령 조항을 무효로 보는 다수의견의 견해에는 반대한다. 그러나 부당하게 해고된 조합원은 조합원자격을 유지하도록 하고 있을 뿐인 원고의 규약 부칙 제5조를 이유로 원고의 노동조합으로서의 지위를 박탈하는 것은 허용되지 않는다. '근로자가 아닌 자의 가입을 허용하는 경우에는 노동조합으로 보지 아니한다'는 노동조합법의 규정은 '원래 조합원이었던 자가 해직되더라도 조합원자격을 유지하도록 하는 경우는 포함되지 않는다'고 제한적으로 해석해야 한다. 그러면서 그는 법원은 '법률'이 아닌 '법'을 선언해야 한다고 다음처럼 덧붙였다.

법규범이 현실에서 일어나는 모든 사안을 완벽하게 규율할 수는 없다. 법은 그 일반적·추상적 성격으로 말미암아 본질적으로 흠결을 내포할 수밖에 없다. 따라서 법률의 해석은 단순히 존재하는 법률을 인식·발견하는 것에 그치는 것이 아니다. 일정한 경우 유추나 목적론적 축소를 통하여 법률의 적용범위를 명확히 함으로써 적극적으로 법을 형성할 필요가 있다. 이것이 실질적 법치주의의 요청이다. 법원은 '법률'이 아닌 '법'을 선언해야 한다.

법을 해석·적용할 때에는 그 결과를 고려해야 한다. 만일 해석의 결과 심히 불합리하거나 부당한 결론이 도출된다면 그러한 해석을 배제하는 방안을 강구해야 한다. 통상 이를 위하여 문언적 해석 외에 논리적·체계적 해석, 역사적 해석, 목적론적 해석 등 여러 해석방법이 동원된다. 이러한 시도에도 불구하고 불합리와 부당함이 교정되지 않는다면 법원은 법의 문언을 넘어서는 해석, 때로는 법의 문언에 반하는 정당한 해석을 해야 한다.

대법관 안철상의 별개의견②는 법외노조 통보를 시행령이 아닌 법으로 규정하기만 하면 적법하다고 하는 다수의견의 결론에 의문을 제기한다. 법외노조 통보의 직접적인 근거가 법률에 있는지 시행령에 있는지는 중요한 문제가 아니며, 문제는 과연 어떤 경우에 법외노조 통보를 할 수 있는지에 있다는 것이다. 법외노조 통보의 법적 성질은 노동조합 설립신고를 수리한 처분을 철회하는 것이다. 이런 행정처분의 취소나 철회에는 일정한 제한이 있으므로 법외노조 통보의 '가능성'이 아니라 '적법성'이 문제된다. 그러므로 법외노조 통보를 통하여 달성하려는 공익상 필요와 이로 인하여 원고가 입게 될 불이익을 비교·형량해서 과연 법외노조 통보가 적법했는지를 따져보아야 한다.

이 사건 법외노조 통보의 적법성은 '원고 내 해직 교원의 수와 그 해직 교원들이 원고의 활동에 미치는 영향, 원고가 해직 교원을 조합원으로 받아들이고 있는 것이 헌법질서에 반하거나 노동조합의 본질을 훼손하는지 여부, 원고에 대한 법외노조 통보를 통하여 달성되는 공익, 법외노조 통보로 인하여 원고가 입게 되는 불이익 등 여러 사정'을 종합하여 판단해야 한다. 이에 따라 살펴보면 이 사건 법외노조 통보는 위법사항에 비하여 과도한 것이어서 위법하다고 했다. 별개의견②의 일부를 좀 길지만 그대로 인용해본다.

법은 언제나 합법적이지만 그렇다고 그 자체로 정당한 것은 아니다. 법은 자기목적적일 수 없으며 그 타당성을 검증받아야 한다. 또한 법은 영원할 수 없다. 법이 처음부터 잘못된 경우도 있지만 시대의 변화에 따라 잘못되게 된 경우도 우리가 흔히 경험하는 바이다.

국민은 불합리한 법령이나 제도에 반대의 의사를 표현할 자유가 있다. 이러한 개선요구를 위하여 폐지 청원을 하거나 폐지를 구하는 소송을 하는 방법도 있지만, 그 과정에서 법 위반행위가 발생한 경우 그에 따른 책임을 다투는 과정에서 잘못된 법이 바로 잡아지는 것도 그리 드문 일이 아니다.

이 사건에서도 원고는 부당한 노동조합 법제에 대한 항의의 표시로 이 사건 부칙 조항을 시정하지 않고, 해직 교원 9명을 배제하지 않고 있는 것으로 볼 수 있다. 만일 원고가 목전의 제재만을 피하고자 하였다면 형식적으로 규약을 개정하거나 일시적으로 해직 교원을 배제할 수도 있었을 것이다. 그러나 원고는 그렇게 하지 않았다. 오히려 원고는 시정명령에 대한 불복소송은 물론 이 사건에서도 심대한 불이익을 감수하면서 노동조합의 가치와 관련 법제의 개선을 주장하고 있다. 원고는 '법률'이 아닌 '법'을 주장하고 있는 것이다. 이 경우 이를 이유로 단체의 존재를 부인할 것이 아니라 문제 되는 행위에 대한 적절한 수준의 법적 제재를 통하여 상황을 바로잡을 수 있다. 미래세대의 삶에 지대한 영향을 미치는 교육과 관련하여 교원 단체의 과격성향이나 이념편향이 문제라고 하더라도, 자유로운 사상의 경쟁시장을 통하여 그리고 국민의 건전한 상식과 균형감각을 바탕으로 제자리를 찾도록 하는 것이 바람직하고, 단체의 단결권을 제한함으로써 해결할 일은 아니라고 생각한다. 사법적 판단은 분쟁과 갈등을 해소하고 법적 평화를 통하여 사회통합을 이루는 것을 지향하여야 한다.

대법관 이기택, 이동원의 반대의견은 노동조합법의 체계적인 해석상 노동조합법에 의한 노동조합이 되려면 그 설립 당시뿐만 아니라 설립된 이후에도 법이 정하고 있는 요건을 갖추어야 하고, 이미 설립신고를 마친 노동조합이라 하더라도 근로자가 아닌 자의 가입을 허용하면 그때부터 더이상 적법한 노동조합이 아니라고 전제한다. 이 경우 행정관청은 근로자가 아닌 자의 가입을 허용하는 단체를 노동조합으로 보아서는 안 되며, 오히려 노동조합으로 취급하면 그것이 위법이다. 즉 근로자가 아닌 자의 가입이 허용되는 경우 노동조합으로 볼 수 없게 되는 효과는 "노동조합으로 보지 아니한다"라는 법률 규정 자체에 기하여 주어진다. 그리고 법외노조 통보를 정하고 있는 시행령 조항은 노동조합법에 의해 법외노조가 되는 효과를 실현하기 위한 구체적인 방법과 절차에 관한 규정으로서 매우 자연스러운 집행명령●에 해당할 뿐이다. 반대의견의 일부를 소개해본다.

> 법원이 합헌적인 법령과 제도에 의한 질서를 무시한 채 자신만의 정의를 일방적으로 선언하고 다른 국가기관에 이를 따르도록 강제하는 것은 사법의 한계를 훨씬 뛰어넘는 것으로서 오히려 입법에 가깝다. 다수의견은 법을 해석하지 않고 스스로 법을 창조하고 있다. 설령 다수의견이 궁극적으로 우리 사회가 나아가야 할

● 법률이나 상위 명령을 집행하기 위해 행정부가 발하는 시행세칙을 말한다.

곳을 가리키고 있다 하더라도 적어도 현재로서는 다수의견의 이유와 결론을 받아들이기 어렵다.

다수의견에 대한 대법관 박정화, 민유숙, 노정희, 김상환, 노태악의 보충의견은 다시 한번 입법에 의한 문제의 해결을 강조하고 있다. 상위법의 위임이 없는 시행령으로 법외노조 통보를 할 수는 없으므로 상위법을 제정하지 않고는 이 문제는 해결되지 않는다는 것이다. 그 부분을 인용해보자.

법률유보원칙에 반하는 이 사건 시행령 조항이 무효로 선언됨에 따라, '행정관청'이 노동조합의 자격을 심사하여 노동조합법에서 정한 노동조합의 법적 지위를 전면 부정할 수 있는 근거는 상실된다. 이제 이 사건 시행령 조항이 설계한 바와 같은 법외노조 통보 제도에 법률적 근거를 부여할 것인지 여부는 궁극적으로 국민의 대표자인 국회가 대처하는 것이 옳다고 본다. 법률의 차원에서 법외노조 통보 제도를 도입하는 것이 과연 타당한지, 도입한다면 어떤 국가기관으로 하여금 어떤 사유가 있을 경우에 어떠한 절차를 거쳐 법외노조로 평가하도록 할 것인지, 법외노조에 대하여 어떤 수준의 제재를 가하는 것이 비례적일 것인지 등은 결국 관련 헌법 규정에 관한 국민의 다양한 의견을 수렴하고 이해관계인들의 공개적 토론과 숙고를 거쳐 국회가 민주적인 절차를 거쳐 결정하는 것이 그야말로 헌법상 법률유보원칙에 전적으로 부합하기 때문이다.

근로자의 지위에 관한 중첩적 합의는 어디까지?

다수의견은 헌법상 보장되는 노동3권에 대하여 중대한 침해가 되는 문제이므로 상위법의 위임이 필요해서 이 사건 통보는 무효라는 것인데, 반대의견은 법외노조 통보를 규정한 시행령 조항은 노동조합법에 의해 법외노조로 되는 경우 그 효과를 실현하기 위한 규정에 불과하므로 상위법의 위임이 필요 없어서 이 사건 통보는 유효하다는 것이다. 이 두 의견은 형식의 문제를 살피는 것 같으나 그 근저에는 전교조가 해직 교원도 조합원이라고 규정한 것이 헌법에서 정하고 있는 노동3권에 의해 받아들여지는 것인지 여부에 대한 견해 차이가 놓여 있다. 노동3권에 의해 인정되는 경우라면 법외노조 통보는 결과적으로 위법한 것일 테고, 그렇지 않다면 반대의견처럼 법외노조 통보는 단순한 집행명령이므로 상위법의 위임 규정이 필요 없다는 해석이 가능하기 때문이다.

대법관 김재형의 별개의견①은 법외노조 통보 자체는 결격사유가 있는 노동조합에 대하여 그런 사실을 단순히 알려주는 것에 불과하므로 상위법의 위임이 필요 없다고 보고 상위법의 위임이 없어서 무효라는 다수의견의 견해에는 반대한다. 그러나 '근로자가 아닌 자의 가입을 허용하는 경우에는 노동조합으로 보지 아니한다'는 노동조합법의 규정은 '원래 조합원이었던 자가 해직되더라도 조합원자격을 유지하도록 하는 경우는 포함되지 않는다'고 해석해야 하므로 그런 내용의 규약이 있다고 해서 원고를 법외노조로 보는 것 자체가 잘못이고 결과적으로 법외노조 통보가 위법하다고 한다.

대법관 안철상의 별개의견②는 이 사건은 법외노조 통보의 개별적인 위법성 자체를 살펴보아야 하는 사건인데, 원고의 위법사항에 비하여 법외노조 통보로서 노동조합으로서의 지위 자체를 박탈한 것은 지나친 것으로서 이 사건 법외노조 통보는 위법하다고 한다. 해직자의 노동조합 가입을 허용하는 것은 이미 국제사회의 확고한 표준으로 자리잡았다는 점이나 헌법이 노동3권을 보장하고 있는 취지 등을 고려할 때 해직 교원을 조합원으로 받아들이고 있다고 해서 그런 사정만으로 원고의 노동조합으로서의 법적 지위 자체를 박탈하는 것은 과도하다는 것이다.

결국 전원합의체 판결의 모든 의견들은 롤스가 말하는 넷째 단계에서의 문제에 그치지 않고 노동3권의 본질을 어떻게 볼 것인지에 대한 문제를 들여다보고 있으며, 그 문제에 대하여 각각 견해를 달리한다는 점을 알 수 있다.

다수의견은 이 문제는 롤스가 말한 4단계의 문제로서 결국 입법이 해결해야 하는 과제라고 선언하는 것에 그쳤다. 해직자의 노동조합 가입 허용 여부는 어디까지나 국회가 정해야 할 몫이라는 것이다. '대법원이 헌법을 분명하고 효과적으로 해석함으로써 근본적인 정치적 질문에 대한 권위적 판단을 내리는 역할을 한다'는 롤스의 입장에서 보자면 대법원이 입법에다 미루지만 말고 노동조합의 성격이나 역할, 노동3권의 성질이나 한계 등과 연계시켜서 구체적 접근을 할 필요는 없었는지 생각토록 하는 부분이다.

대법관 김재형은 별개의견①에서 이 점을 다음과 같이 지적했다.

다수의견은 이 사건 시행령 조항이 무효라는 선언 외에 결격사유가 발생한 노동조합의 법적 지위는 무엇인지, 이 사건의 구체적 법률관계는 어떻게 된다는 것인지 제대로 설명하지 않고 있다. 이는 문제의 핵심을 비켜 가는 것이고 실질적 판단을 회피하는 것이다.

대법관 안철상 또한 별개의견②에서 다수의견은 법외노조 통보가 가지는 실질적 위헌성을 외면하고 형식적인 판단만 했으므로 법률에 규정되더라도 실질적 위헌성은 여전히 남는다고 했다.

언뜻 보기에는 법외노조 통보가 '법률'이 아닌 '시행령'에 규정되어 있는 것이 근본적 문제인 것 같지만, 설령 법률에서 직접 규정

'노란봉투법'은 2023년 윤석열 대통령의 거부권 발효에 이어 국회 본회의에서 부결되는 부침을 겪었으나, 최근 택배사와 중앙노동위원회의 분쟁에서 원청의 책임을 인정하는 항소심 판결이 내려짐으로써 다시금 힘을 얻게 되었다.

하더라도 법외노조 통보 자체가 가지는 실질적 위헌성 문제는 고스란히 남는 것이다.

　대법관 안철상이 지적한 대로 다수의견은 이 사건 시행령 조항의 강력한 기본권 관련성과 중대한 침익성을 주장하면서도 법외노조 통보가 법률에서 직접 규정되었더라면 헌법상 노동3권의 침해 문제는 생기지 않는지에 대하여는 명확한 견해를 밝히지 않았다. 이런 결론은 역설적으로 해고 노동자를 노동조합원으로 유지시키는 문제에 대해서는 쉽게 의견이 일치되지 않고 있는 우리 사회의 모습을 보여주는 것이기도 하다. 해고된 노동자는 조합원으로서의 지위를 가질 수 없는지, 부당해고를 다투고 있는 경우에도 조합원으로서의 지위는 상실되는지 하는 문제들에 대해서 입법으로 해결하도록 한 다수의견의 결론은 대법원조차 아직 이 문제에 관한 합의를 이루어내지 못했음을 보여주는 것이기 때문이다. 롤스에 의하면 입법의 단계인 셋째 단계는 정의의 제2원칙이 적용되는 단계다. 그러므로 차등의 원칙과 기회균등의 원칙을 전제로 한 노동3권의 보호 범위를 밝혀서 입법을 할 수밖에 없다. 그러나 이른바 '노란봉투법'과 관련한 논란에서 보듯이 우리 사회는 노동권이 미치는 범위에 대하여 여전히 견해가 분분하다. 노동권이 헌법상의 권리로 된 연원이나 우리 사회에서 어떤 방향으로 진전되어왔는지를 숙고하지 않고는 쉽게 입법으로 해결되지 않을지도 모르겠다. 이

런 점에서 2개의 별개의견이 표시하는 아쉬움은 충분히 납득이 된
다. 이 부분이 입법적으로는 어떻게 반영될 것인지 추이를 지켜볼
필요가 있다.

2부

우선하는
기본적 자유들과
대법원 판결

1장 | 롤스가 말하는 기본적 자유들의 우선성

기본적 정의의 원칙들과 기본적 자유들의 문제

롤스는 원초적 상황에서 정의의 원칙들을 합의할 때에는 기본구조를 위한 정치적 정의의 원칙들에 대한 합의와 추론의 원칙과 증거의 규칙들에 대한 합의 등 두 부분의 합의가 이루어져야 한다고 한다.

이때 정치적 정의의 원칙에 대한 합의 부분에는 정치적 정의의 가치들이 적용되며 "평등한 정치적·시민적 자유, 공정한 기회균등, 사회적 평등과 (차등의 원칙에 의하여 표현되는) 호혜성 등의 가치들"이 포함된다. 추론의 원칙 등의 합의 부분에는 공적 이성의 가치들이 적용되며 "판단, 추론, 증거와 같은 근본개념들의 적절한 사용과, 상식적인 지식의 기준과 절차 및 논란의 여지가 없는 과학의 방법과 결론을 고수하는 데에서 보이는 합당함과 공정함의 덕목을 포함"한다.[1] 그러므로 정의의 원칙들과 공적 이성의 지침은 하나의 합의에 동반되는 부분들로서 본질적으로 동일한 근거를 가진다(56면 도표 참조).[2]

롤스는 위와 같은 정치적 가치들에 기초하여 해답을 찾아내야 하는 근본적 질문들은 헌법의 핵심사항이 무엇이 되어야 하는가 하는 질문과 기본적 정의의 문제들에 관한 질문들이라고 한다. 바꾸어 말하자면 공적 이성은 헌법의 핵심사항들과 기본적 정의의 문제들에만 적용된다고 할 수 있다. 공적 이성이 적용되는 헌법의 핵심사항들의 문제는 '어떠한 정치적 권리 및 자유가 합당하게 성문헌법에 포함될 수 있는가'라는 질문과 관련되어 있다.

이때 헌법의 핵심사항들을 롤스는 두가지 종류로 나누고 있다.[3]

ⓐ 정부의 일반적 구조와 정치 과정을 규정하는 근본원칙들: 입법부, 행정부, 사법부의 권한들; 다수결의 범위.

ⓑ 입법적 다수가 존중해야만 하는 시민의 평등한 기본권과 자유들: 예를 들자면, 투표권과 참정권, 양심의 자유, 사상의 자유와 결사의 자유, 그리고 법치의 보호.

롤스는 ⓐ에 속하는 핵심사항들은 다양한 방법으로 구성될 수 있으나 대통령제와 내각제 정부 같은 정부구조에 대한 빈번한 논란은 입헌적 정부를 근본적으로 파괴하는 불신과 소용돌이로 이끌 수가 있다는 지적을 하고 있다.[4] ⓑ에 속하는 핵심사항들로는 양심의 자유와 결사의 자유, 언론의 자유, 투표·출마와 같은 정치적 권리들을 들고 있다.[5]

　　반면 헌법의 핵심사항들에 속하지 않는 기본적 정의의 문제들은 '사회의 기본구조'와 관련이 있으며 기본적인 경제적 정의와 사회적 정의의 문제뿐만 아니라 헌법이 다루지 않는 다른 것들에도 관련된다.[6] 예를 들어 정의의 원칙들 중 하나인 차등의 원칙이나 공정한 기회균등의 원칙이 적용되는 문제는 기본적 정의의 문제에 속하지만 헌법의 핵심사항들이라고 할 수는 없다.[7] 그러므로 성문헌법에 포함되지는 않을지라도 기본적 정의의 문제에 속하는 이 원칙들과 관련된 문제들은 공적 이성에 의해 찬반의 근거에 대한 정치적 토론으로 결정되어야 한다.[8]

　　롤스는 기본적 자유들의 문제(ⓑ)와 성문헌법에 포함되지 않는 기본적 정의의 문제들은 "시민의 평등한 기본적 권리와 자유를 규정하고 정당한 정치적 절차를 제도화"하는 것인지, "자유롭고 평등한 시민에 적합한 사회적·경제적 정의의 배경적 제도를 수립"하는 것인지 등에 따라 구분된다고 한다. 그리고 첫번째 문제를 다루는 것이 보다 더 긴급하고, 본질적 요건들이 실현되었는지 여부를 수월하게 말할 수 있으며, 보다 더 큰 합의를 기대할 수 있다고 한다. 그리고 두번째의 문제와 연관된 사회적·경제적 불평등을 다루는 문제는 "종종 해당 정치관과 이의 원칙들이 표현하는 가치를 넘어서 이러한 입장이 포함하지 않는 비정치적 가치들에 호소하는 것이 보다 합당할 수 있다"라고 한다.[9]

롤스는 공적 이성이 어떤 질문의 경우에는 하나 이상의 합당한 답변을 허용할 수도 있지만 합의가 없으면 투표로 결정될 수밖에 없을 것이라고 한다.[10] 민주사회는 우리가 전체적 진리라고 간주하는 원리에 따라서는 결코 지도되어질 수 없다는 점을 받아들이는 사회이기 때문이다. 공적 이성이 요구하는 것은 시민들이 자신의 투표에 대하여 공적인 정치적 가치들에 입각해서 서로 설명할 수 있기를 바라는 것이며, 바로 이것이 다른 사람들과 함께 정치적으로 사는 것의 의미라고 롤스는 설명한다.[11]

기본적 자유들의 우선성

롤스는 넓은 의미에서의 기본적 정의의 문제들 중에서도 헌법의 핵심사항들의 하나로 분류되는 기본적 자유들(ⓑ)에 우선성이라는 특별한 지위를 부여한다. 예를 들어 어떤 사회단체에 정치적 자유를 주게 되면 경제적 효율성과 성장정책에 반대할 수 있게 만든다는 이유로 평등한 정치적 자유를 주지 않을 수는 없다고 한다. 기본적 자유의 주장이 이런 고려들에 의해 유린될 수는 없다는 것이다.[12]

여러가지 기본적 자유들은 서로 갈등하기 마련이므로 제도적 규칙들이 조율되어 일관된 자유의 체계가 확립되어야 한다. 이에 대하여 롤스는 자유의 우선성이란 하나의 기본적 자유가 하나 또는 그 이상의 다른 기본적 자유들을 위해서만 제한되거나 거부될 수 있다는 것을 의미한다고 한다.[13]

그리고 기본적 자유들은 그 우선성에 비추어 특별한 지위를 가지므로 핵심적인 자유들만 포함시켜야 하며,[14] '핵심적용범위'the central range of application를 보장하는 것으로 충분하다.[15] 예를 들어 언론의 자유가 보장된다고 하여 탐문의 합당한 절차와 토론의 법칙을 수용하지 않을 수는 없다. 연설의 자유를 위한 필수불가결한 통제와 연설 내용의 제한은 필요하다. 보다 구체적인 내용은 헌법적, 입법적, 사법적 단계에 맡겨져 있다.[16]

어떤 기본적 자유들의 중요성은 시민들이 사회의 기본구조와 사회정책들의 정의를 평가하는 과정에서 도덕적 힘을 발달시키고 행사할 수 있게 해주는 경우와 시민들이 그들의 선관善觀을 형성하고 수정하며 합리적으로 추구하는 과정에서 도덕적 힘을 발달시키고 행사할 수 있게 해주는 경우에 얼마나 본질적으로 개입되어 있으며 얼마나 제도적 수단이 되느냐에 좌우된다(2부 2장에서 부연설명했

다).**17**

이 부에서는 이처럼 롤스가 제시하는 기본적 자유들의 우선성이 대법원의 전원합의체 판결이나 결정에서 어떻게 어느 정도로 나타나고 반영되고 있는지를 최근의 판결이나 결정을 중심으로 살펴보기로 한다. 먼저 양심적 병역거부 사건에서는 양심의 자유가 우선적으로 보호되어야 하는 근거 등을 살펴보고, 성적 소수자의 기본권보호 사건에서는 성적 소수자들의 기본권보호의 문제가 현재 어느 단계에까지 와 있는지 보았다. 명의신탁 관련 사건에서는 우리 헌법의 재산권보호 문제를 롤스의 재산소유 민주주의와 관련하여 살펴보고자 했다. 그리고 손자녀 입양 등 가족제도와 관련한 사건에서는 롤스의 정치적 정의의 원칙이 가족 문제와 관련해서는 어떻게 변화해갔으며 우리 전원합의체 판결에서는 어떤 가치를 존중하고 보호하고 있는지 살펴보았다.

2장 | 양심의 자유
양심적 병역거부 사건

양심의 자유가 기본적 자유인 까닭

　롤스는 인간에게는 본래 두가지 도덕적 능력이 있으며 무지의 베일이 드리워진 원초적 상태에서는 이 두가지 도덕적 능력이 드러날 수밖에 없다고 보았다. 그 첫번째 능력은 '합당할 수 있는 능력'the capacity to be reasonable이며, 두번째 능력은 '합리적일 수 있는 능력'the capacity to be rational이다.

　이때 합당할 수 있는 능력이란 정의감(각)에 대한 능력으로서 공정한 사회협동의 조건을 공적으로 인정하고 그에 따라 행동하는 능력을 말한다. 합리적일 수 있는 능력이란 각 당사자들이 개인적으로 증진시키고자 하는 합리성을 추구하는 능력으로서 스스로의 선善을 구상하고 수정하고 합리적으로 추구하는 가치관 수립의 능력을 말한다.[1]

원초적 상태에서 각 당사자들은 공정한 사회협동 조건의 내용을 결정하게 된다. 이때 당사자들은 자신들이 대표하고 있는 사람들의 구체적 선을 위한 것이 무엇인가를 생각하여 정의의 원리를 선택하게 되며, 이때의 합의는 자율적이고, 합리적인 이성에 입각한 합의여야 한다. 그러므로 두가지 도덕적 능력이 없다면 원초적 상태에서 합의는 이루어지지 못하게 된다. 그리고 기본적 자유들의 우선성이 인정되지 않으면 두가지 도덕적 능력은 적절하게 발달되지 못할 것이다. 그러므로 기본적 자유들의 보장과 우선성의 인정은 롤스의 '정의론'의 기초를 이루는 중요한 개념이라 할 수 있다.

롤스는 1971년『정의론』을, 1989년『공정으로서의 정의: 재서술』을, 1993년『정치적 자유주의』를 발간했고, 2001년 사망하기 1년 전에『공정으로서의 정의: 재서술』의 재판을 발간했다. 결국 2001년의『공정으로서의 정의: 재서술』은『정의론』에서『정치적 자유주의』를 거친 롤스가 자신의 변화에 의거하여『정의론』을 다시 쓴 것으로 보아야 한다.『정의론』에서 롤스는 공정으로서의 정의를 "하나의 포괄적 신념체계로서 자유주의에 속한 입장으로 제시"했지만 이후 그는 정치적 자유주의를 주창하면서 공정으로서의 정의를 "중첩적 합의의 대상이 될 수 있는 정치적 정의관으로 새로이 제시"해야만

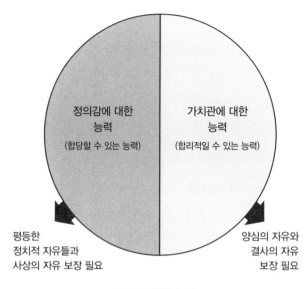

두가지 도덕적 능력

하게 되었기 때문에 어느 정도의 수정을 받아들여야 했다.[2]

롤스는 『정의론』의 심각한 결함의 하나는 기본적 자유들에 대한 설명에서 서로 다른 두 기준을 제안했는데 그 기준이 서로 충돌할 뿐 아니라 만족스럽지도 않았다는 점이라고 『공정으로서의 정의: 재서술』에서 밝혔다. 그 하나는 가장 광범위한 자유들의 체제를 얻도록 기본적 자유들을 규정한 것인데 이때 자유를 무한정 확대하는 것인지, 서로 종류가 다른 자유들의 문제는 어떻게 할 것인지 하는 문제가 생기게 되었다는 것이다. 다른 하나는 합리적이고 평등한 대표적 시민의 관점을 취하면서 관련된 단계에서 알려져 있는 시민들의 합리적 이익에 비추어 자유들의 체제를 규정하라는 것이었는데 '시민들의 합리적 이익'이 충분히 설명되지 않았다는 것이다.[3] 이에 따라 사회적 기본재 개념을 더 새롭고 자세하게 설명했고 이 점은 서론에서 이미 언급했다.

여기서는 롤스가 새롭게 제안한 기본적 자유들의 기준이 무엇인지 보겠다. 기본적 자유들을 보장하고 그 우선성을 인정하는 것은 모든 시민에게 두가지 도덕적 능력을 적절하게 발달시키고 완전히 행사하도록 하기 위한 것이므로 그에 필요한 핵심적인 사회적 조건들이 균등하게 보장되는지가 기준이 된다.[4]

두가지 도덕적 능력 중 정의감의 원칙과 관련해서는 시민들이 정의감을 완전하고 효과적으로 행사하여 기본구조와 그 정책들에 정의의 원칙을 적용하는 것을 보장해야 한다는 것이 기준이 된다. 평등한 정치적 자유들과 사상의 자유는 이를 위해 필수적이다. 가치관의 원칙과 관련해서는 시민들이 자유로이 정보에 입각하여 스스로의 선을 구상하는 능력과 그것에 동반하는 실천이성과 판단의 힘을 행사하는 것을 보장해야 하는 것이 기준이 된다. 양심의 자유와 결사의 자유는 이를 위해 필수적이다. 나머지 보충적인 기본적 자유들, 즉 신체의 자유와 (육체적·심리적) 완전성, 법치로 포괄되는 권리들과 자유들은 다른 기본적 자유들이 적절하게 보장되기 위해 필요하다.

가치관의 원칙과 관련해서 양심의 자유가 불가결한 이유에 대하여 롤스는 다음처럼 설명한다. 합리적일 수 있는 능력이란 사람들이 '궁극적 목적을 합리적으로 추구하고 자신의 완전한 인생의 개념을 구체화하는 데 사용'하는 능력이지만, 주어진 시점에서 수용된 한정적 선관에 그치지 않고 기존의 선관을 수정할 수 있도록 역할해나가야 할 필요도 있다. 현존하는 현재의 삶의 모든 측면이 가장 합리적이라는 보장은 없기 때문이다. 보다 합리적인 선관을 계발하고 형성해나가고 숙고적 이성deliberate reason에 따라 수정할 수 있도록 하기 위해서 양심의 자유가 불가결한 사회적 조건이 된다.[5]

롤스는 원초적 입장의 합의당사자들은 자신들이 대표하는 사람들의 종교적, 철학적, 도덕적 견해를 참작해야 하므로 합의당사자들은 평등한 양심의 자유를 보장하는 원칙을 채택할 수밖에 없다고 했다. 무지의 베일은 합의당사자들이 대표하는 사람들의 종교적, 도덕적, 철학적 견해들이 다수의 입장인지, 소수의 입장인지를 알 수 없도록 드리워져 있기 때문이다. "자신들이 대표하는 사람들이 지지하는 종교가 다수 또는 지배적이어서 그렇기 때문에 심지어 보다 큰 자유를 누릴 수 있으리라는 가능성 때문에, 소수파 종교에게 보다 적은 양심의 자유를 허용하는 것과 같은 요행을 바랄 수가 없다. 왜냐하면 합의당사자들이 대표하는 이들이 소수파 종교에 속해서 고통을 받을 가능성 또한 있기 때문이다."[6]

그리고 합의당사자들이 보호하려는 종교적, 철학적, 도덕적 견해들과 그 견해들로부터 나오는 선에 관한 구상은 정의의 제2원칙을 고려하여 적당히 포기되거나 위험에 빠뜨려질 수 있는 성질의 것이 아니며 협상할 성질의 것도 아니라고 했다.[7]

롤스의 주장을 따라가보면, 양심의 자유는 원초적 입장 이전부터 인간에게 갖춰져 있는 기본적인 도덕적 능력을 보장하기 위한 기본적인 자유의 하나일 뿐 아니라, 현재 시점에서 한정된 합리성에서 나아가 보다 합리적인 지향을 하도록 만드는 역할을 하고 있어서 어떤 자유보다 중요한 기본적 자유로서 롤스의 정치철학의 기초를 이루는 자유임을 알 수 있다. 롤스의 이론은 양심의 자유의 기본성과 중요성을 새삼 깨닫게 한다.

양심적 병역거부

양심적 병역거부에 대한 2018년의 대법원 전원합의체 판결[8]은 그동안 양심적 병역거부라 할지라도 병역법 위반이 된다고 하여 유죄판결을 해오던 판례를 변경했다.

사실관계는 다음과 같다.

피고인은 여호와의 증인 신도로서 현역병입영 통지서를 받고도 종교적 양심을 이유로 입영하지 않았다. 이에 대하여 검사는 병역법 제88조 제1항을 적용하여 기소했다. 병역법 제88조 제1항은 본문에서 "현역입영 또는 소집 통지서를 받은 사람이 정당한 사유 없이 입영일이나 소집일부터 다음 각 호의 기간이 지나도 입영하지 아니하거나 소집에 응하지 아니한 경우에는 3년 이하의 징역에 처한다"라고 정하면서, 제1호에서 '현역입영은 3일'이라고 정하고 있었다. 제1심은 유죄를 인정하여 징역 1년 6개월을 선고했고, 피고인이 항소했으나 제2심은 항소를 기각했다. '양심적 병역거부'가 병역법 제88조 제1항의 '정당한 사유'에 해당하는지가 사건의 쟁점이었다.

대법원은 다수의견, 별개의견, 반대의견 순으로 8 대 1 대 4로 나뉘었다. 유무죄로 보자면 9명이 무죄라는 결론을, 4명이 유죄라는 결론을 지지했다.

다수의견은 양심적 병역거부의 허용 여부는 헌법 제19조의 양심의 자유와 헌법 제39조의 국방의 의무 사이의 충돌, 조정 문제라고 한다. 그리고 그 충돌, 조정은 병역법 제88조 제1항의 '정당한 사유'라는 문언의 해석을 통하여 해결해야 한다고 본다. 그런데 정당한 사유가 없다는 사실은 범죄구성요건이므로 검사가 증명해야 하지만 피고인이 자신의 병역거부가 자신의 인격적 존재가치를 걸고 하는 절박하고 구체적인 양심에 따른 것이며 그 양심이 깊고 확고하며 진실한 것이라는 존재를 수긍할 만큼 소명하는 자료를 먼저 제시하고 검사는 그 자료의 신빙성을 탄핵하는 방법으로 진정한 양심의 부존재를 증명해야 한다. 이런 법리에 따라 피고인의 신앙이나 피고인의 아버지, 피고인의 동생도 병역법 위반으로 수감

되었고 피고인에게는 배우자와 어린 자녀들이 있는데도 종교적 신념을 이유로 병역을 거부하게 된 사정 등을 고려하자면 피고인에게는 정당한 사유가 있다고 볼 여지가 있다고 했다. 다수의견의 한 부분을 보자.

자유민주주의는 다수결의 원칙에 따라 운영되지만 소수자에 대한 관용과 포용을 전제로 할 때에만 정당성을 확보할 수 있다. 국민 다수의 동의를 받지 못하였다는 이유로 형사처벌을 감수하면서도 자신의 인격적 존재가치를 지키기 위하여 불가피하게 병역을 거부하는 양심적 병역거부자들의 존재를 국가가 언제까지나 외면하고 있을 수는 없다. 일방적인 형사처벌만으로 규범의 충돌 문제를 해결할 수 없다는 것은 이미 오랜 세월을 거쳐오면서 확인되었다. 그 신념에 선뜻 동의할 수는 없다고 하더라도 이제 이들을 관용하고 포용할 수는 있어야 한다.

요컨대, 자신의 내면에 형성된 양심을 이유로 집총과 군사훈련을 수반하는 병역의무를 이행하지 않는 사람에게 형사처벌 등 제재를 해서는 안 된다. 양심적 병역거부자에게 병역의무의 이행을 일률적으로 강제하고 그 불이행에 대하여 형사처벌 등 제재를 하는 것은 양심의 자유를 비롯한 헌법상 기본권 보장체계와 전체 법질서에 비추어 타당하지 않을 뿐만 아니라 소수자에 대한 관용과 포용이라는 자유민주주의 정신에도 위배된다. 따라서 진정한

양심에 따른 병역거부라면, 이는 병역법 제88조 제1항의 '정당한
사유'에 해당한다.

별개의견을 낸 대법관 이동원은 다수의견과 결론은 같이하지만
그 논거는 달리했다. 즉 국방의 의무는 개인의 양심의 자유보다 우
선하지만, 현재 우리나라의 안보상황에서 종교적 신념을 이유로
하는 병역거부자들에 대하여 대체복무를 허용한다고 하더라도 국
가의 안전보장이 우려되는 상황이 초래되지는 않을 것이라고 보았
다. 그러므로 그런 상황을 고려하지 않고 현역입영을 강제하는 것
은 과도한 부담을 지우는 것으로서 기본권의 최소 침해의 원칙*에
어긋난다고 했다. 그 이유의 일부를 인용해본다.

대체복무의 허용은 국가의 안전보장에 우려가 없는 상황을 전제
로 한다. 그러므로 종교적 신념을 이유로 하는 병역거부자들에
대하여 대체복무를 허용함으로써 향후 국가안전보장에 지장이
생기게 된다면 다시 그들을 현역병 입영대상자 등으로 하는 병역
처분을 하는 것도 허용된다고 보아야 할 것이다.

대법관 김소영, 조희대, 박상옥, 이기택의 반대의견은 병역법 제

---

* 기본권을 제한하는 경우에도 기본권을 최소로 침해하는 수단을 택해야 한다는
원칙이다.

88조 제1항은 현역입영 통지서 등을 받은 사람이 입영일이나 소집일로부터 일정한 기간이 지나도 입영하지 아니하거나 소집에 응하지 아니한 경우에 처벌하는 규정이므로 같은 조항의 "정당한 사유"도 병역처분이 아닌 입영처분에 대하여 적용되는지 살펴야 한다고 전제한다. 이에 의하면 위 처벌 규정은 지방병무청장에 의한 구체적이고 현실적인 입영처분의 이행을 강제하기 위한 수단으로 해석될 뿐, 이에 선행하는 병역처분, 징병검사, 수검처분 등 다른 병역의무의 이행 확보와는 관련이 없다.

따라서 '정당한 사유'도 다수의견이 주장하는 것과는 달리, 입영처분에 근거하여 일자와 장소가 구체적으로 특정되는 입영행위에 응하지 않은 것을 정당화할 만한 사정으로 한정하는 것이 문언에 충실한 해석이다. 그렇게 본다면 위 규정은 질병, 재난 등의 사유만을 정당한 사유로 보는 것이라고 해석해야 하고, 다수의견처럼 '병역의 이행을 감당하지 못하도록 하는 사유'로 해석하는 것은 병역법의 취지와 문언, 논리, 체계에 반한다고 보았다.

또한 양심표명의 자유는 양심실현의 자유의 일종으로서 상대적 자유에 해당하여 다른 헌법적 법익보다 우선한다고 볼 수는 없고, 국가안보를 위해 필요한 경우 법률로써 제한할 수 있다. 그러므로 스스로의 결정을 통해 형성한 내면의 종교적 양심 등에 반한다는 이유로 그 의무이행을 거부하는 양심적 병역거부 행위가 '양심유지' 또는 '소극적 부작위에 의한 양심실현의 자유'라는 이유로 정당화될 수는 없다고 보았다. 이런 해석을 전제로 한 반대의견의 한 구절을 보자.

입영기피에 대한 제재수단인 이 사건 처벌 규정은 국방의 의무 중 가장 기본적인 병역의무의 실효성을 확보하기 위한 합리적인 수단으로 마련되었다. 병역의무가 제대로 이행되지 않아 국가안보와 국토방위의 헌법적 법익이 확보되지 않는다면 인간으로서의 존엄과 가치라는 헌법적 가치도 제대로 보장될 수 없다. 양심적 병역거부자의 소극적 부작위에 의한 양심실현의 자유가 상대적 권리로서 위와 같은 헌법적 법익보다 우월한 가치라고는 할 수 없는 만큼 이러한 헌법적 법익을 위하여 헌법 제37조 제2항에 따라 양심적 병역거부를 주장하는 피고인의 양심의 자유를 제한하더라도 이는 헌법상 허용된 정당한 제한이라고 보아야 한다.

다수의견에 대한 대법관 권순일, 김재형, 조재연, 민유숙의 보충의견은 양심적 병역거부가 대다수 국민의 신념과 정의감에 배치될지라도 '그 양심이 헌법상 양심으로 보호될 수 있는 것이라면' 이를 보호하고 관용하자고 한다. 다수의견의 보충의견에서 한 구절을 뽑아보자면 다음과 같다.

반대의견의 취지를 연장해보면 헌법상 양심에는 그 내용이 보편

타당한 것이 될 수 있고 또한 되어야만 하는 신념만 해당한다는 결론이 된다. 이는 헌법이 보호하고자 하는 양심의 의미에 관한 대법원과 헌법재판소의 판례에 정면으로 반하는 것이다. (…)

양심적 병역거부를 허용하는 것은 양심적 병역거부자에게 특혜를 부여하는 것이 아니다. 그의 권리만을 보호하고자 하는 것도 아니다. 우리 공동체에서 다를 수 있는 자유를 인정하는 것이며, 이로써 민주주의의 가치를 지키고 모든 국민이 인간으로서의 존엄과 가치를 누리도록 하는 것이다.

다수의견에 대한 대법관 박정화, 김선수, 노정희의 보충의견은 국제법 존중주의 원칙상 자유권규약● 등 보편적 국제규약에 대한

● 자유권규약은 1966년 12월 16일 유엔총회에서 채택되어 1976년 3월 23일부터 발효(단, 제41조는 1979. 3. 28. 발효)된 조약이다. 우리나라는 자유권규약에 대하여 1989년 10월 5일 국무회의의 심의를 거치고 1990년 3월 16일 국회의 동의를 얻어 1990년 4월 10일 유엔 사무총장에게 가입서를 기탁했고, 이에 따라 자유권규약은 우리나라에서 1990년 7월 10일부터 효력을 발생하게 되었다(조약 제1007호). 자유권규약은 가입국의 이행상황을 점검하기 위한 자유권규약에 관한 유권해석기구로서 18명의 전문가로 구성된 유엔자유권규약위원회(UN Human Rights Committee)를 설치했다. 우리나라는 자유권규약 가입 당시 유엔자유권규약위원회가 '규약에 규정된 권리에 대한 침해의 희생자임을 주장하는 개인으로부터의 통보를 접수하고 심리하는 것'을 내용으로 하는 개인통보(Individual Communication) 제도를 채택한 선택의정서(Optional Protocol to the International Covenant on Civil and Political Rights)에도 함께 가입했다(조약 제1008호). 자유권규약은 국회의 동의를 얻어 체결된 조약이므로 헌법 제6조 제1항의 규정에 따라 국내법적 효력을 가지며, 그 효력은 적어도 법률에 준한다(위 보충의견에서 발췌 인용).

국제기구의 해석은 유력한 법률해석의 기준이 되어야 하는데 자유권규약 제18조●에 양심적 병역거부에 관한 권리가 포함되어 있다고 보는 것이 이제는 확립된 국제적 기준이라고 한다. 그리고 우리나라 정부도 자유권규약에 가입한 후 유엔자유권규약위원회에 제출한 보고서에서 헌법에 직접 명시되지 않은 것이라도 규약은 존중되어야 하고 어떠한 법률도 규약상의 권리를 침해할 수 없으며 그러한 법률은 위헌이라는 의견을 표명했다는 등의 이유를 들고 있다. 아래에서 직접 읽어보자.

> 유엔자유권규약위원회의 개인통보에 대한 견해는 권리를 침해당했다고 주장하는 사람으로부터 진정을 제기받아 가입국의 규약 위반 여부를 판단하는 것이므로 사법적 판단과 유사하고, 우리나라 국민이 제기한 개인통보에 대한 여러차례의 유엔자유권규약위원회의 견해에 비추어 보면 앞으로도 국내 사법기관으로부터 유죄판결을 받은 양심적 병역거부자들이 제기하는 개인통보 사건에 관하여 유엔자유권규약위원회는 예외 없이 자유권규약 위반임을 인정하는 견해를 채택할 것이 예상되는 점 등에 비추어 보면, 병역법 제88조 제1항의 '정당한 사유'에 양심적 병역거

● 자유권규약 제18조 제1항은 사상, 양심 및 종교의 자유를 가진다고 하고, 제2항은 종교나 신념을 가질 자유를 침해받지 않는다는 등 내용을 규정하며, 제3항은 그 제한은 법률에 의해 공공의 안정 등에 필요한 경우에만 받을 수 있다고 한다.

©연합뉴스

2018년 대법원 판결 이후 국방부는 2020년 양심적 병역거부자를 위해 대체복무제도를 시행하기 시작했다. 2023년 말 기준 1100여명의 양심적 병역거부자가 전국 15개 교정시설에서 36개월간 병역의무 수행을 대신하고 있다.

부가 포함된다고 해석하는 것은 국제법 존중주의에 의하여도 뒷받침된다.

반대의견에 대한 대법관 김소영, 이기택의 보충의견은 헌법재판소가 대체복무제를 규정하지 않은 병역법 해당 규정이 헌법에 합치하지 않는다고 선언하면서 2019년 12월 31일까지 법개정을 하지 않으면 병역법 해당 규정이 효력을 상실한다고 했으니 병역법의 개정을 기다려야 한다고 주장한다. 아직 대체복무제에 관한 입법이 되지 않은 단계에서 위헌상태인 병역법의 해석을 통한 대체복무 없는 병역거부의 문제로 보고 이 사건을 해결할 것이 아니라, 개선 입법이 이루어진 후 대체복무와 함께 병역거부 문제를 해결해야 한다는 것이다.• 그러면서 진정한 양심 여부를 국가가 심사하여 판단한다는 자체가 양심의 자유 침해라고 덧붙였다. 그러나 개선 입법이 이루어지든 않든 양심의 자유가 침해되지 않도록 심사를 제대로 해야 할 의무는 궁극적으로는 국가에 있으므로 침해행위에 대해서 판단 자체를 할 수 없다고 해버려서는 안 될 것이다. 이 부분 주장에 대해서는 의문이 든다. 이 부분 주장을 인용해본다.

• 2018. 6. 28. 선고 헌법재판소 2011헌바379 등 결정에서 헌법재판소는 병역법 제5조 제1항에서 규정한 병역의 종류에 대체복무가 포함되어 있지 않음을 이유로 헌법불합치 결정을 했고, 제88조 제1항은 합헌으로 판단했다.

과연 다수의견이 말하는 '정당한 사유'로 인정되기 위한 양심의 '진정성'이 구체적으로 의미하는 바가 무엇인지, 그 정도는 어느 정도인지, 인격적 존재가치가 파멸되었는지에 관한 경계선은 어디까지인지 전혀 알 수 없다. 개인이 양심의 자유를 갖는 것과 그것을 국가가 심사하여 판단한다는 것은 전혀 다른 차원의 문제이다. 피고인은 자신의 내면을 드러내 보일 방법이 없으나, 자신의 소명이 성공할 때, 더 정확하게는 검사의 증명이 실패할 때 자신의 양심이 진정한 것이라고 인정받고, 반대로 검사의 증명이 성공하면 그 진정성이 부정될 것이다. 진정한 양심이 진정한 것으로 인정받겠지만, 경우에 따라서는 진정한 양심임에도 진정하지 않은 것으로 판단되는 경우도 있을 것이다. 후자의 경우가 양심의 자유에 대한 침해임은 두말할 나위가 없다. 나아가 양심의 자유의 내면성과 절대성에 비추어 보면, 국가가 국민 양심의 진정성을 심사의 대상으로 삼아 판단한다는 그 자체로서, 전자의 경우에도 양심의 자유가 완전하게 구현되었다고는 볼 수 없다. 양심의 자유를 폭넓게 보장한다는 다수의견은 오히려 양심의 자유를 억제하는 것이다.

반대의견에 대한 대법관 조희대, 박상옥의 보충의견은 헌법제정 권자가 양심적 병역거부를 인정한 규정이 없으므로 양심적 병역거부를 인정하지 않는 것으로 결단을 내린 것이고, 헌법의 개정 없이는 양심적 병역거부를 인정할 수 없다는 주장을 하고 있다. 이 부분도 인용해본다.

> 독일과 유럽 여러 국가들은 제1차, 제2차 세계대전이라는 대규모의 침략전쟁을 일으키고 겪은 후 전쟁의 참상에 대한 반성에서 헌법이나 법률에 양심적 병역거부권을 명시적으로 규정하고 대체복무제를 도입하였다. 우리 대한민국 헌법은 외세에 침략당하고 나라를 잃고 고통을 당한 데 대한 각성에서 국가의 안전보장과 국토방위 및 국방의 의무를 철저하게 규정하면서 헌법이나 법률에 양심적 병역거부를 비롯한 일체의 예외규정을 두지 않았다. 국가의 안전보장과 국토방위에 직결되는 이런 중차대한 문제에 관한 헌법제정권자의 결단은 매우 무겁게 받아들여져야 한다. 우리 헌법의 제·개정에 관한 역사적 배경과 내용 및 헌법제정권자의 결단 등에 비추어 볼 때 헌법과 법률의 제·개정 없이 이른바 '양심적 병역거부'를 인정할 수는 없고, 더욱이 대체복무가 아닌 무죄 가능성을 열어주는 것은 결코 있을 수 없는 일이다.

양심의 자유 보장과 병역거부

롤스는 『정치적 자유주의』나 『공정으로서의 정의: 재서술』에서는 양심적 병역거부에 대하여 따로 논의하고 있지 않다. 그러나 『정의론』에서는 6장 58절에서 '양심적 거부의 정당화'라는 제목으로 이 문제를 논의하고 있으므로 잠깐 따라가보기로 한다. 다만 롤스는 종교적 원칙 등이 아니라 철저하게 정치적 원칙에 기초하고 있다고 가정하고 이 문제를 살펴본다고 했다.[9]

롤스는 우선 이미 단위로서의 사회와 기본구조에 대해서는 정의의 원칙들이 도출되었으므로 국가들 간에 적용될 기본원칙을 선택하기 위한 국가들의 대표자가 무지의 베일하에 모였다고 가정한다. 그들은 국가의 대표자인 것은 알지만 그들 자신의 사회가 가지고 있는 특정 여건이나 다른 나라와의 비교를 통한 그 능력이나 힘에 대해서는 아무것도 모르며 그들 자신의 사회에 있어서 자신의 지위도 모른다고 가정한다.*

이런 상황에서 선택될 국가 간의 정의 또한 입헌체제 내의 시민들이 가지는 평등권과 유사한 평등의 원칙이 기본원칙으로 선택될 것이다. 그리고 이 평등의 원칙에서 국가들이 외세의 간섭 없이 스스로의 문제를 스스로 결정할 권리인 자결권이 나오고 공격에 대한 자기방어의 권리나 방위동맹을 형성할 권리도 나온다. 그리고 조약은 국제관계를 규제하는 다른 원칙들과 양립하는 한 지켜져야 한다는 원칙도 나온다. 전쟁의 목적은 오로지 정의로운 평화이

---

* 롤스의 이런 구상은 『만민법』(원저 1999)에서 더욱 확장되어 제시된다(『만민법』, 동명사 2017, 20면).

며 각 나라가 이미 선택한 정의로운 제도와 그것을 가능하게 하는 조건들을 유지하고 보존하는 것이어야 하므로 세계 권력이나 국가 영광에 대한 욕구라든지 경제적 이득이나 영토의 획득을 위해서 전쟁을 치르는 것은 허용되어서는 안 되며, 정의로운 전쟁에 있어서도 어떤 형식의 폭력은 엄격히 금지되어야 한다.

그런데 만일 전쟁 중의 양심적 거부가 이러한 원칙에 의거하는 것이라면 그것은 허용되어야 하고 그 거부는 합당하다. 그리고 징병이 존재하는 민주사회에서 전투의 목적이 부정의하다는 것을 근거로 군대에 입대하기를 거절할 수도 있다. 전쟁의 목적이 충분히 의심스럽고 극심하게 부정의한 명령을 받을 가능성이 충분히 클 경우라면 거부할 권리뿐만 아니라 거부할 의무까지도 갖는다.

그래서 롤스는 양심적 병역거부는 특정한 여건 아래서 전쟁에 가담하는 일에 대한 분별 있는 거부에 한정하고, 어떤 조건 아래서든 모든 전쟁에의 가담을 거부하는 것은 반대하는 입장이었다.[10] 그러나 롤스가 국제관계 내에서 정치적 원칙에 입각하여 살펴본 병역거부에 관한 이론을 징병제도가 실시되는 나라에 그대로 적용하기는 어려울 것도 같다. 롤스가 이 시대의 양심적 거부의 문제에 대해 언급할 수 있다면 어떻게 말할 것인지가 자못 궁금하기는 하다.

롤스는 앞에서 본 것처럼 기본적 자유들의 기준 중 하나로 '시민들이 스스로의 선관을 형성하고 수정하며 합리적으로 추구할 수 있도록' 하기 위한 자유를 들었다. 양심의 자유는 그런 의미에서 가장 기본적인 자유 중의 하나다. 그러므로 이를 입법으로 제한하려고 할 때에는 다른 기본적 자유들과는 좀더 다른 한계를 설정할 필요가 있을 것이다.

그런데 양심적 병역거부의 문제는 국방의 의무와 충돌하므로 이를 원칙적으로 인정하는 경우에도 국방의 의무와 형량할 방법은 무엇인지, 국방의 의무를 준수할 다른 대체적인 방법은 무엇인지, 반대의견의 지적처럼 국가가 심사하는 데 따르는 어려움은 어떻게 극복할 것인지 등 해결되어야 하는 문제가 많이 있다.

세계적 흐름에 비추어 보자면 늦은 감은 있지만 다수의견은 일단 양심적 병역거부를 인정했다. 그리고 구체적인 사건에서 어떤 경우에 양심적 병역거부가 인정될는지, 어느 정도의 대체복무가 병역의무를 이행하는 다수들과의 관계에서 대체적인 의미가 있는지 하는 문제들이 제대로 해결되지 않은 채 대체복무제도가 도입되었다. 자신의 진정한 양심을 소명하는 과정에서 새로운 양심의 자유의 침해가 번번이 일어난다는 지적도 종종 있다. 공적 토론의 장에서 공적 이성으로 더 많은 논쟁이 계속되어야 할 필요는 여전히 남아 있다.

3장 | 소수자들의 기본권

성전환자 성별정정, 군인의 성적 자기결정권 사건

젠더와 소수자 문제에 대한 롤스의 변화

롤스는 『정의론』에서 정의의 원칙을 논하면서 불평등한 기본권을 할당하거나 어떤 사람들에게 더 적은 기회를 허용하는 근거가 되는 일반적인 관점들은 무엇인지 모색한다. 그런데 젠더 또는 인종처럼 어떤 고정된 자연적 특징들은 그 관점이 되어서는 안 된다고 한다.[1] 평등한 기본적 자유들과 공정한 기회균등이 보장되는 질서정연한 사회에서 그 고정된 자연적 특징은 바뀔 수 없기 때문에 불평등한 지위 자체로서 출발점이 될 수 있을 뿐이기 때문이다. 다만 그 출발점이 정한 지위가 기본구조를 평가하는 관점이 될 수는 있다고 한다. 가령 남성이 여성보다 더 큰 기본적 권리나 더 많은 기회를 갖는다면, 이러한 불평등은 여성에게도 이익이 되고 여성의 관점에서 수용 가능할 때에만 정당화될 수 있으며, 인종에 기초한 불평등한 기본적 권리들과 기회들도 마찬가지일 뿐, 그 고정된 자연적 특징에 정의의 원칙이 직접 적용될 수는 없다는 것이다.[2] 더구나 젠더와 인종에 기초한 불평등은 역사적으로 정치권력과 경제적 자원 통제에서의 불평등으로부터 생겨난 것일 뿐 오늘날의 질서정연한 사회를 전제할 때에는 문제될 수 없다고 보았다.[3]

이런 롤스의 관점에 대해서 성불평등을 단순히 일반적인 기회불평등 문제의 일종으로 환원해서 본다든지[4] 롤스의 관점이 주로 백인 중산층 이상 남성의 관점이어서 여성을 포함하여 다양한 약자집단들의 관점을 충분히 반영하지 못하고 있다든지[5] 하는 비판이 있어왔다.

롤스는 이후에, 『정의론』에서는 젠더와 인종의 구분을 차등의 원칙이 적용되는 지위가 되지 않는다고 했지만, 정의의 원칙들이 젠더와 인종에 기초한 현존하는 차별과 구분으로부터 생겨나는 심각한 문제들을 다루기 위한 정치적 가치들을 명시하지 않는다면 그 원칙들은 심각한 결함이 있다는 견해를 피력하여 한발 물러섰다.[6] 젠더체계 등이 여성들, 아이들의 평등한 기본적 자유들과 기회에 부정적으로 영향을 미치는 모든 사회제도를 포함하는데도 정의의 원칙이 그 체계의 잘못을 교정하는 데 충분하지 못하다면 비판의 대상이 된다는 것이다.[7] 젠더와 인종을 자연적인 특징으로 보던 원래의 자리에서 나아가 여성들과 소수자들의 평등도 고려되어야 한다는 주장을 하게 된 것은 젠더와 인종의 구분에 따른 차별이 현존하는 상황을 고려하지 않을 수 없다고 보았기 때문이다.

롤스의 정의론은 널리 알려진 대로 "최대한 평등한 자유의 원칙"과 최소 수혜자에게 최대의 이익이 되도록 하는 "차등의 원칙" 및 "공정한 기회균등의 원칙"으로 구성되어 있다. 차등의 원칙과 관련해서 롤스는 산술적 총합으로 최대 다수의 최대 이익을 산정하는 공리주의의 방식에 대하여 이의를 제기하면서 사회적 기본재 primary social goods•라는 개념을 도입해서 원초적 입장에 놓인 사람들이 고려해야 할 사항들에 대한 목록을 작성했다. 사회적 기본재란 사람들로 하여금 자신의 구체적 선관善觀을 추구하고, 두가지 도덕적 능력(2부 2장 참조)을 발전시키고 행사할 수 있도록 하는 데 일반적으로 필요한 사회적 요건과 전목적적 수단이 되는 것들을 의미한다.[8] 그리고 이때의 기본재는 포괄적인 도덕적 신념체계가 아니라 정치적 관점으로 자유롭고 평등한 사람으로서의 시민들이 필요로 하는 것을 규정하기 위한 것이다.[9] 좋은 삶에 대하여 서로 다른

• 『공정으로서의 정의: 재서술』의 번역에 따랐다. 『존 롤스, 시민과 교육』(M. 빅토리아 코스타 지음, 김상범 옮김, 어문학사 2020)에서는 '기본적인 사회적 가치'로 번역되었고, 『사회정의론』 111면, 『정의론』 141면에서는 '사회적인 기본가치'라고 번역되었다. (목광수 『정의론과 대화하기』(텍스트CUBE 2021)에서는 '사회적 기본재화'라고 번역했다.)

관점을 지닌 시민들 사이에서 공정한 정의를 논하기 위해서는 어떤 단일한 통화가 필요하기 때문에 도입된 개념으로서,[10] "건강과 정력, 지력 등의 자연적 재화와 구분"된다.[11]

그 종류는 첫째, 사상의 자유 및 양심의 자유 등 기본적 권리들과 자유들, 둘째, 이동의 자유와 직업선택의 자유, 셋째, 권위와 책임을 갖는 직책과 지위의 권력과 특권, 넷째, 광범위한 목적을 실현하는 데 일반적으로 필요한 소득과 부, 다섯째, 시민들이 사람으로서의 자신들의 가치를 느끼고 자기확신 속에서 자신들의 목표와 목적을 추구하기 위해서 본질적으로 필요한 기본적 제도의 측면들인 자존감의 사회적 기반들이다.

자존감의 사회적 기반들이란 자신에 대한 태도로서의 자존감이 아니라 그 태도를 뒷받침하는 데 도움이 되는 사회적 기반들을 말한다. 즉 정의의 제1원칙과 제2원칙이 제도적으로 보장된다는 사실에 대한 공적 인정 같은 것들이다.[12]

위에서 열거한 기본재들은 적절한 지표를 통해 구체화된다. 그러므로 시민들에게 보장된 제도적 권리들과 자유들, 이용 가능한 공정한 기회들, 그들의 사회적 지위에서 보았을 때 합당한 소득과 부에 대한 기대치 등을 참조하여 기본재가 주어진다. 이처럼 기본재란 합리적인 사람들이 자신들의 지위에서 필요로 하는 것을 말하는데 최소 수혜자는 가장 낮은 기대치를 갖는 소득계층에 속하는 이들이다.[13] 차등의 원칙은 소득과 부의 불평등이 최소 수혜자에게 최대 이익이 되도록 조정되어 적용된다. 그러므로 롤스는 이 때 고려해야 할 유일한 문제는 최소 수혜자 집단의 기본재 지수를 측정하는 문제라고 한다.[14]

이처럼 원초적 입장에 놓인 사람들이 고려해야 할 사항들에 대한 목록을 앞에서 열거한 사회적 기본재로 측정하는 것이 롤스의 정의의 원칙이 적용되는 기본적인 방식이므로 젠더와 인종처럼 어떤 고정된 자연적 특징들이 불평등한 기본권을 할당하거나 어떤 사람들에게 더 적은 기회를 허락하는 근거로 사용되는 경우는 고려대상이 되지 않았던 것이다. 그러나 롤스는 앞에서 본 것처럼 『공정으로서의 정의: 재서술』에서 이런 태도가 심각한 결함이 될 수 있음을 인정했다.

결국 롤스는 정치적 정의관이 포괄하는 공적 이성의 가치에 "여성의 평등, 미래시민으로서의 아이들의 평등, 그리고 마지막으로 한 세대에서 다음 세대로 지속되는 사회와 문화를 질서 있게 생산하고 재생산할 것을 보장하는 데에서 가족이 갖는 가치, 그리하여 정의로운 민주사회에서 그런 제도를 지지하는 태도와 덕을 함양하고 장려하는 데에서 가족이 갖는 가치"를 포함시켰다.[15] 이런 태도의 수정은 수전 오킨Susan Moller Okin이 원초적 입장에서는 당사자들은 자신들이 어떤 성sex인지 모르므로 무지의 베일을 쓴 당사자는 성별에 불리한 합의를 하지 않았을 것이며, 기본구조의 일부로서의 가족과 젠더체계에 '정의론'의 원칙들이 엄격하게 적용되어야

한다는 지적을 받아들인 때문이다.[16]

롤스는 정의의 원칙이 사회의 기본구조에 직접 적용되지만 그 안의 많은 결사체의 내부적 삶에 직접 적용되지는 않는 것처럼, 제도로서의 가족에 핵심적인 제약을 가하고 모든 구성원들의 기본적 권리들과 자유들 및 공정한 기회들을 보장하지만, 가족 내부의 삶에 대하여 직접 적용되지는 않는다고 한다. 부모들은 어떤 정의관 (혹은 공정성에 대한 어떤 관점)을 따르며 이에 따라 아이들을 양육하게 되겠지만 그 영역은 정치적 원칙이 적용될 문제가 아니라는 것이다.[17] 그리고 이 점에 대해서 가족 내의 불평등성을 문제 삼지 않고서 어떻게 아이들의 도덕적 발달을 가족에게 맡길 수 있는지 비판하는 오킨 등의 지적이 있었다.[18]

그러나 롤스는 가족이 입헌체제를 지탱하는 가족의 역할을 벗어난다면 그것은 재고되어야 한다고 하여 일정한 한계를 부여했다. 또 사회의 미래시민인 아이들을 위해서도 일정한 제약이 가해진다. 지속가능한 민주체제에서 여성들에게 가해진 오랜 역사적 부정의로 미래의 시민들에게 요구되는 정치적 덕들을 아이들이 제대로 습득하지 못하게 만드는 경우라면 민주주의를 명령하는 정의의 원칙들을 불러올 수 있다는 것이다.[19]

이처럼 롤스는 가족의 생물학적 재생산의 역할보다는 사회적·문화적 재생산의 역할을 중시한다. 이에 따라 가족의 역할은 '아이들의 도덕적 발달과 더 넓은 문화에 대한 교육을 보장하면서 그들을 양육하고 돌보는' 것으로 보았다. 롤스식으로 본다면 가족의 양육자는 생물학적 부모일 필요는 없고 오히려 사회적 부모 개념이 더 적합해 보인다.[20] 롤스는 가족이 이러한 임무를 효과적으로 수행하도록 제도화되어 있고 다른 정치적 가치들에 저촉되지 않는 한 정치적 정의관은 일부일처제, 이성애 등 어떤 특정한 형태의 가족을 요구하지 않으므로 게이와 레즈비언 등 성적 소수자들로 된 가족의 형태도 허용 가능하다고 했다.[21]

성전환자 관련 소송에서 대법원의 변천

2000년대 중반 이후의 대법원은 다양한 신분관계나 가족법 관련 판결(결정 포함)을 전원합의를 거쳐 선고(고지 포함)해오고 있다. 호주제가 폐지된 이후 누가 제사주재자가 될 것인지 하는 문제가 새로 대두했고, 여성도 종중원이 될 수 있는지, 성전환자가 가족관계등록부의 정정을 신청할 경우 허가할 것인지 등 사건들이 이어졌다. 이런 사건들에 대한 법원의 판단은 롤스가 말한 바대로 '여성들과 소수자들의 평등을 보장하기 위해 필요한 법적·사회적 제도들을 정당화하는 데 핵심적인 정치적 가치들'이 잘 드러나고 있는지, 우리 사회가 '합당한 다원주의가 공존할 수 있는 사회'로 얼마나 다가가고 있는지, 서로 다른 신념체계들 사이에서 어느 정도의 중첩적 합의를 이끌어내고 있는지 살펴볼 수 있는 바로미터가 된다. 이런 생각을 전제하면서 대표적인 신분관계 관련 소송 중의 하나인 성전환자의 가족관계등록부상의 성별정정 허가가 문제된 사안을 살펴보자.

2022년 11월, 대법원은 미성년 자녀가 있는 성전환자의 가족관계등록부상의 성별정정을 허가해야 한다는 결정을 전원합의로 했다.[22] 이 결정은 2006년의 1차 전원합의체 결정[23]과 2011년의 2차 전원합의체 결정[24]에 이은 성별정정 허가와 관련한 세번째 결정이다.

2006년의 1차 전원합의체 결정은 1남 1녀 중 장녀로 태어났으나 20대 이후부터는 주로 육체노동을 하면서 남자로 살아오다가 41세 때 성전환수술을 받은 52세의 A씨가 당시의 호적부(현재의 가족관계등록부)상의 성별을 남성으로 정정해달라는 신청을 한 사건이었다. 제1, 2심에서는 신청이 받아들여지지 않았지만 대법원에서는 전원합의를 거쳐서 8 대 2로 정정이 허가되었다. 반대의견도 이런 경우 호적정정이 필요한 것은 맞지만 호적법에 따로 규정이 없으므로 입법조치로 해결해야 할 문제라고 보았다. 법이 만들어질 당시에 상정하지 못한 문제가 나중에 일어났을 때 입법을 기다려야 하는지 호적의 기재가 명백히 진실과 달라졌으므로 정정을 허용할 것인지가 중요한 쟁점이었다.[25]

2011년의 2차 전원합의체 결정은 남성으로 태어났으나 성정체성에 혼란을 겪던 B씨에 대한 것이다. B씨는 결혼하여 수년간 결

미성년 자녀가 있는 성전환자의 성별정정을 허가한다는 대법원 판결에 대해 국제엠네스티는 "성소수자의 인권을 위한 중요한 진전"이라며 환영했다. 사진은 2021년 3월 31일 트랜스젠더 가시화의 날을 맞아 성소수자차별반대무지개행동이 개최한 기자회견의 모습.

혼생활을 이어왔고 아들도 있었지만 성정체성의 혼란은 여전했다. 그러던 중 성전환수술을 받았고 혼인 중인 상태에서 가족관계등록부 정정을 신청했다. 제1, 2심에서는 신청이 받아들여지지 않아서 대법원으로 왔으나, 대법원에서도 8 대 4로 의견이 나뉘었을 뿐 신청은 받아들여지지 않았다.

다수의견의 결론은 혼인 중이거나 미성년인 자녀가 있는 경우에는 성별정정은 허가할 수 없다는 것이었다. 성전환자가 혼인 중이면 동성혼을 인정하는 것이 되므로 성별정정을 허용할 수 없고, 미성년인 자녀가 있을 경우 그 자녀가 정신적 혼란과 충격에 빠질 수 있고 사회적 차별과 편견을 겪을 수 있다는 이유를 들었다. 반대의견①은 혼인 중에 있으면 성별정정은 허가되지 않지만, 미성년자인 자녀가 있다는 사정만으로 성별정정을 허가하지 않을 수는 없다고 한다. 성전환에 대한 법적 승인으로 인한 성전환자의 이익과 그 미성년자 자녀의 불이익을 함께 고려해야 할 문제이기 때문이라는 것이다. 반대의견②는 미성년자인 자녀가 있다는 사정과 혼인 중에 있다는 사정 모두 성별정정을 허가하지 못할 이유가 되지 않는다고 보았다. 부모의 전환된 성에 따라 이미 자연스러운 가족관계가 형성된 경우 등에서는 성별정정을 허용하지 않는 것이 오히려 미성년자의 복리에 장애가 될 수 있고, 혼인 중에 있다고 하더라도 성별정정 신청 당시 혼인관계의 실질적 해소 여부와 그 사유 등 제반 사정을 종합적으로 고려하여 성별정정 여부를 결정하

면 충분하다는 것이다.[26]

미성년 자녀가 있는 경우에도 성별정정은 가능한가

2022년의 3차 전원합의체 결정은 2차 전원합의체 결정이 혼인 중 또는 미성년 자녀의 존재를 들어서 성별정정을 허용하지 않았던 데 대하여 다시금 미성년 자녀의 존재 여부를 문제 삼은 사건이다.

C씨는 남성으로 태어났으나 어린 시절부터 성정체성에 혼란을 겪어왔다. 자신의 성정체성을 숨긴 채 생활하다 결혼했으나 5년여 만에 이혼했다. 이후 C씨는 성전환수술을 받았고 사회적으로 여성으로서 생활해왔다. C씨는 미성년 자녀 2명을 두고 있는 상태에서 가족관계등록부상 성별정정 허가 신청을 했다. 제1심과 제2심은, C씨에게 미성년 자녀가 있고 성별정정을 허가하는 것이 미성년 자녀의 복리에 부정적인 영향이 있다는 이유로 신청을 기각했다.

2차 전원합의체 결정에서 다수의견은 혼인 중이거나 미성년 자녀가 있는 경우 성전환자의 성별정정을 허가할 수 없다고 했다. 3차 전원합의체 결정에서 신청인은 이혼한 상태로서 혼인 중은 아니었으므로 두 경우의 각 논거 중 두번째 경우의 논거, 즉 미성년 자녀의 복리가 문제되었다.

3차 전원합의체 결정은 '현재 혼인 중에 있지 아니한 성전환자에게 미성년 자녀가 있는 경우'를 성별정정을 허가할 수 없는 사유로 보는 것이 타당한지를 다시 살펴보았다. 다수의견이나 그 보충의견, 그리고 반대의견도 내세우는 이념은 성전환자의 기본권보호와 미성년인 자녀가 충분한 보호를 받을 수 있는지 하는 것으로 같았지만 그 결론은 엇갈렸다.

성전환자의 기본권과 미성년 자녀의 복리 중 무엇을 우선할 것인가

다수의견은 미성년 자녀가 있다는 이유만으로 일률적으로 가족관계등록부 정정을 허가하지 않는다면 성전환자의 기본권은 중대한 침해를 받게 되므로 성전환자의 기본권보호와 미성년 자녀의 보호 및 복리가 조화를 이룰 수 있도록 법익의 균형을 위한 여러 사정들을 종합적으로 고려하여 실질적으로 판단해야 한다는 원칙을 내세웠다. 그런 실질적인 판단 없이 단지 성전환자에게 미성년 자녀가 있다는 사정만을 이유로 성별정정을 불허해서는 안 된다는 것이다. 이하에서 다수의견의 한 구절을 직접 보자.

인간은 누구나 자신의 성정체성에 따른 인격을 형성하고 삶을 영위할 권리가 있다. 성전환자도 자신의 성정체성을 바탕으로 인격과 개성을 실현하고 우리 사회의 동등한 구성원으로서 타인과 함께 행복을 추구하며 살아갈 수 있어야 한다. 이러한 권리를 온전히 행사하기 위해서 성전환자는 자신의 성정체성에 따른 성을 진정한 성으로 법적으로 확인받을 권리를 가진다. 이는 인간으로서의 존엄과 가치에서 유래하는 근본적인 권리로서 행복추구권의 본질을 이루므로 최대한 보장되어야 한다.

한편 미성년 자녀를 둔 성전환자도 부모로서 자녀를 보호하고 교양하며(민법 제913조), 친권을 행사할 때에도 자녀의 복리를 우선해야 할 의무가 있으므로(민법 제912조), 미성년 자녀가 있는 성전환자의 성별정정 허가 여부를 판단할 때에는 성전환자의 기본권의 보호와 미성년 자녀의 보호 및 복리와의 조화를 이룰 수 있도록 법익의 균형을 위한 여러 사정들을 종합적으로 고려하여 실질적으로 판단하여야 한다. 따라서 위와 같은 사정들을 고려하여 실질적으로 판단하지 아니한 채 단지 성전환자에게 미성년 자녀가 있다는 사정만을 이유로 성별정정을 불허하여서는 아니 된다.

반면 반대의견은 스스로의 선택에 의해 혼인을 하거나 혼인을 하지 않더라도 자녀를 낳은 경우, 이는 자신의 출생 시의 성별을 받아들이기로 용인하고 가족관계를 형성하기로 결단한 다음 실행에 옮긴 것이므로 그 단계에 이르러서 성별을 바꾸는 것을 단지 개인적인 차원의 문제로만 볼 수는 없다고 했다. 자녀의 복리를 위해 친권자가 성전환 및 성별정정을 최대한 자제하고 더 신중하고 진지한 자세를 견지하도록 바라는 것은, 최소한의 배려 요청이라는 것이다. 따라서 미성년 자녀가 있는 성전환자에 대하여 성별정정을 허가할 수 없다고 했다. 반대의견의 한 구절도 직접 읽어보자.

> 부모가 성전환 및 성별정정을 하지 아니한 가족의 미성년인 자녀에 비하여 성전환 및 성별정정을 한 부모를 둔 미성년인 자녀가 받게 될 정신적 혼란, 충격은 쉽게 짐작할 수 있고, 성전환이나 성별정정에 대한 사회적인 찬반양론을 떠나 이에 대한 사회적 차별과 편견은 엄연한 현실이므로 이러한 현실에 아직 성숙하지 아니한 미성년인 자녀들이 그대로 노출되어 받을 고통 역시 충분히 예상할 수 있는데, 자녀의 복리가 저해된다는 사정을 단순히 막연한 가능성의 문제로 치환하는 것은 그와 같은 문제를 애써 외면하는 것이라고 볼 수밖에 없다.

다수의견에 대하여 대법관 박정화, 노정희, 이흥구는 보충의견에서 성전환자의 성별정정은 이미 발생한 성전환이라는 사실관계를 공부公簿와 일치시키기 위한 조치로서 이를 허용하지 않는다면 소수자의 존재는 부인되는 것이며 이는 인간의 존엄과 가치, 기본권의 실현 등 헌법정신에도 맞지 않다고 주장한다.

성전환자의 성별정정 허가 여부를 심리하는 법원은 성전환자가 소수자로서 겪는 차별과 감당해야 하는 고통의 깊이를 헤아리지 않은 채 사회 다수의 의사에 따라 피상적으로 결정하는 것을 경계하여야 한다.

다수의견에 대하여 대법관 김선수, 오경미 또한 보충의견에서 성전환자의 성별정정 문제는 제도에 앞서는 인간실존의 문제임을 성찰해야 한다고 강조하고 있다.

인간의 존재는 이를 가리키는 언어에 앞서며 언어를 넘어선다. 언어 또한 사회적인 산물로서 다수자의 기존 질서와 그 안에 자리한 편견이나 차별을 반영한다. 언어가 갖는 이러한 속성을 고려하지 않은 채 아버지가 여성이 되고 어머니가 남성이 되는 것을 우리 법체계상 허용될 수 없다고 하는 것은, 다수자가 자신의 언어체계를 절대화하여 그에 포섭되지 않는 소수자의 존재를 부인하는 것에 다름 아니다. 여성인 아버지나 남성인 어머니라는 말이 기존 언어의 용례에서 볼 때 낯설고 모순적으로 보일지라도 성전환자와 그 자녀가 갖고 있는 부모자녀로서의 지위와 권리를 허용될 수 없는 것이라고 함부로 부인하는 것은 옳지 않다. '성전환자'라는 말처럼 언어는 존재의 실상에 맞추어 나중에 생성될 수도 있는 것이다.

성별정정과 중첩적 합의의 현 단계

미성년인 자녀의 보호 문제에서도 다수의견이나 그에 대한 보충의견 등은 성별정정이란 이미 사회통념상 성전환이 일어난 사람에 대하여 법률적으로 전환된 성으로 평가받을 수 있도록 공부상 성별을 정정해주는 조치여서 성전환 과정의 가장 종국적인 단계일 뿐이므로, 성별정정 허가 자체가 미성년 자녀에게 정신적·심리적 충격을 주는 것이라고 섣불리 단정해서는 안 된다고 했다.

성전환된 부 또는 모와 미성년 자녀 사이에 존재하거나 발생할 수 있는 다양한 상황을 살펴보지 아니한 채, 법원이 단지 미성년 자녀가 있다는 사정만으로 성별정정을 막는 것이 오히려 실질적인 의미에서 미성년 자녀의 복리에 부합하지 않을 수 있다고도 보았다.

반면 반대의견은 2차 전원합의체 결정은 우리 법체계 및 미성년인 자녀의 복리에 적합하고, 사회 일반의 통념에도 들어맞는 합리적인 결정이므로, 그대로 유지되어야 한다고 주장한다. 스스로의 선택에 의해 이성과 혼인하고 자녀를 출생시켜 가족을 이룬 이상 이를 감내하라는 것이다.

롤스는 법관이 호소할 수 있는 가치들은 공적인 정치적 정의관에 포함되어 있는 정치적 가치들로 제한되어야 하며, 자신의 개인적 도덕성이나 일반적인 도덕성의 이상과 덕목이라든지 자신 혹은 다른 사람의 종교적 혹은 철학적 견해에 호소해서도 안 된다고 했다. 정치적 가치들이란 사상의 자유와 양심의 자유, 정치적 자유와 결사의 자유, 인격적 통합성과 자유에 의해 구체화되는 자유들, 법치에 의해 포괄되는 권리들과 자유들이다.

미성년 자녀가 있는 성전환자의 성별정정 문제는 성전환자의 인간으로서의 존엄과 가치, 행복추구권이라는 기본권과 미성년 자녀의 기본권보호와 복리라는 가치들 사이에서 어떤 가치들을 우선시할 것인가의 문제다. 합의를 해야 하는 부분은 결국 성전환자와 미성년자인 자녀들의 "인간으로서의 존엄과 가치"를 어떻게 비교하고 형량할 것인지 하는 문제다.

나는 1차와 2차 전원합의체 결정을 다룬 글에서 뇌의 성적 분화가 외관과는 다른 성으로 된 사람의 성별을 정정해주는 문제에 대하여 법원이 본인만 참고 견디면 된다고 답할 수는 없으며, 한 개인이 자신의 성을 눈에 보이도록 증명해 보일 수 없다고 해서 고통을 감내하라고 할 권리는 다른 사람들에게 없다고 썼다.[27] 하물며 그것이 가족이라고 해도 마찬가지일 것이다. 더욱이 성전환자의 성별정정을 허가하는 문제가 바로 미성년 자녀의 기본권보호와 복리의 저해로 연결되지는 않는다. 오히려 성별정정의 허가가 미성년 자녀의 기본권보호와 복리의 저해로 연결되지 않도록 노력할 의무가 성전환자 개인에게뿐 아니라 '정의롭고 안정된 사회'를 지향하는 우리 사회 모두에게 부여되어 있다고 보아야 한다.

다수의견에 대한 대법관 김선수, 오경미의 보충의견은 성전환자들이 성정체성에 맞는 삶을 살 수 있도록 하기 위해서는 성별정정이 필수적인데도 이를 거부하는 것은 민주주의가 추구하는 자유와 평등, 인간의 존엄성에 대한 존중에 반한다고 하면서 다음처럼 주장한다.

사회적·제도적·문화적 구조는 생물학적인 성을 변동될 수 없는 절대적인 것으로 보아 성전환자들이 갖는 기본권의 행사를 제한하고, 그들에게 자신의 존재를 드러내지 말 것을 암묵적으로 강요하며, 나머지 사람들에게는 이러한 상황을 당연한 것으로 여기게끔 만든다. 하지만 이제는 이 사회의 동등한 구성원의 대우를 요구하는 그들의 절박한 외침을 더이상 외면해서는 안 되며, 그들을 호모 사케르Homo Sacer 상태에 방치하여서도 안 된다.

반면, 대법관 이동원은 반대의견에서 다수의견이 친권자 개인의 기본권을 우선시하고 자녀의 복리는 가벼이 여긴다면 눈에 보이지 않는 우리 사회의 다양하고 소중한 가치를 무시하는 결과가 될 것이라고 주장했다. 이를 인용해본다.

'자녀의 복리'라는 개념이 막연하고 추상적이라고 하여 이를 가벼이 여기고 그 침해 가능성에 대한 주장을 공허하다고 치부해버린다면 '자녀의 복리'뿐만 아니라 종국에는 눈에 보이지 않지만 우리 사회가 보호하여야 할 다양하고 소중한 가치를 무시하는 결과에 이르고 만다.

롤스는 '자존감의 사회적 기반들'을 대표적인 사회적 기본재의 하나로 들었다. 앞서 설명한 대로 이는 일반적으로 말하는 자신에 대한 태도로서의 자존감이 아니라 그 태도를 뒷받침하는 데 도움이 되는 사회적 기반들을 말한다. 성전환자들이 어떤 사회적 기반 위에서 자존감을 형성하고 살아가는지는 '인간실존'의 문제와 직결된다. '인간실존'의 문제와 '보이지 않지만 다양하고 소중한 가치'의 문제는 과연 중첩적인 합의를 할 수 없는 문제인지 생각해보게 된다.

동성혼의 문제

나아가 대법원에서 장차 동성혼의 문제가 언젠가는 어떤 식으로든 받아들여질 것인지 이 시점에서 예측하기란 어렵다. 그러나 대법원은 2022년 이 문제에 대하여 변화를 향해 한발짝 더 나아간 판결을 했다.[28]

기소된 사실관계는 이렇다. 군인들인 피고인들과 이 사건에서

©shutterstock

2016년 10월 대만 시민 25만명이 총통부 건물 앞에서 동성혼 합법화와 성소수자 인권을 위한 시위를 하고 있다. 대만은 2019년 5월 아시아 최초로 동성혼 합법안을 법원에서 가결했다.

기소되지 않은 다른 군인은 모두 동성애 채팅 애플리케이션에서 만났고 같은 부대 소속은 아니었다. 그들은 자신들의 독신자 숙소에서 휴일 또는 근무시간 이후에 자유로운 합의로 성행위를 했다. 이 사건 쟁점은 동성 군인이 합의하여 영외의 사적 공간에서 성행위를 하는 경우에 동성애를 처벌하는 군형법 제92조의6을 적용하여 처벌할 수 있는지 여부다.

다수의견●은 자발적으로 이루어진 동성 간의 성행위 등에 대하여 군대라는 공동사회의 건전한 생활과 군기를 직접적, 구체적으로 침해하지 않는 경우에까지 형사처벌하는 것은 합리적인 이유 없이 군인이라는 이유만으로 성적 자기결정권을 과도하게 제한하는 것으로서 헌법상 보장된 평등권, 인간으로서의 존엄과 가치, 그리고 행복추구권을 침해할 우려가 있으므로 헌법을 비롯한 전체 법질서에 비추어 허용되지 않는다고 판단했다. 다수의견의 한 구절을 보자.

> 이 사건과 같이 군인이 자신의 사적 공간인 독신자 숙소에서 자유로운 의사로 합의에 따른 성행위를 한 사안으로서 군인의 성적 자기결정권이라는 법익에 대한 침해는 물론, 군이라는 공동사회의 건전한 생활과 군기라는 법익에 대한 침해를 인정하기 어려운

● 다수의견 8, 별개의견① 2, 별개의견② 1, 반대의견 2.

경우까지 처벌대상으로 삼는 해석은 허용될 수 없다.

대법관 안철상, 이흥구는 별개의견①에서 현행 규정은 적전, 전시·사변과 같은 상황에서 기본적으로 적용되고, 평시의 경우에는 군사훈련, 경계근무, 그밖에 이에 준하는 군기를 직접적, 구체적으로 침해할 우려가 있는 상황에서만 적용된다는 의견을 제시했다. 따라서 근무를 마친 후의 자유시간이나 휴가 중인 경우에는 군기를 직접적, 구체적으로 침해할 우려가 없으므로 현행 규정이 적용되지 않는다는 것이다. 별개의견①의 한 구절도 직접 보자.

당시는 비상시 상황이 아니고, 훈련 중이거나 근무 중도 아니었다. 피고인들과 공소외인은 모두 직업군인으로 같은 부대 소속이 아니었고, 개인적으로 알게 되어 피고인들의 독신자 숙소에서 휴일 또는 근무시간 이후에 공소사실 기재와 같은 행위를 하였으며, 그 과정에 군이라는 공동사회의 생활과 군기를 직접적, 구체적으로 침해할 만한 다른 사정도 없었다.
위와 같은 사정을 고려하면, 피고인들의 행위에 현행 규정을 적용하여 처벌할 수는 없다.

대법관 김선수의 별개의견②는 다음과 같다. 현행 규정은 행위자가 '그 상대방에 대하여' 이 사건 행위를 할 것을 구성요건으로 규정하고 있다. 그러므로 상호 합의가 있었던 경우에는 죄형법정주의의 원칙상 처벌할 수 없다. 더구나 군검사가 이 부분 공소사실을 '상대방과' 이 사건 행위를 하는 방법으로 추행했다고 써서 기소했으므로 이 부분 공소사실은 그 자체로 구성요건을 충족했다고 할 수 없다. 원심으로서는 군검사에게 공소사실을 현행 규정의 구성요건에 부합하도록 피고인들이 '그 상대방에 대하여' 이 사건 행위를 하는 방법으로 추행을 했다는 것으로 공소장을 변경할 것인지에 대하여 석명[•]을 구한 후 군검사의 대응에 따라 판단했어야 하고, 현재의 공소사실로는 피고인들을 처벌할 수 없다. 이 해석에 따르자면 상호 합의한 경우 행위자와 상대방을 설정할 수 없으므로 두 사람 모두 처벌대상이 될 수 없으며 상대방의 의사에 반하는 경우에만 문제된다.

두 사람 중에 누가 행위자이고 상대방인지 구별할 수 없다면, 죄형법정주의 원칙에 따라 두 사람 모두 처벌대상에 해당하지 않는 것으로 해석하는 것이 타당하다. 그럼에도 현행 규정을 적용하여 두 사람을 모두 행위자로 의제하고 처벌하는 것은 죄형법정주의 원칙에 명백히 반한다.

• 재판장이 소송관계를 분명하게 하기 위해 당사자에게 사실상 또는 법률상 사항에 대하여 질문하고, 증명하도록 촉구하는 것을 말한다.

대법관 조재연, 이동원의 반대의견은 다수의견과 같이 '사적 공간인지 여부', '자발적 합의에 의한 것인지 여부' 등의 사정을 고려하여 '군기를 직접적이고 구체적으로 침해했는지'에 따라 그 적용 여부를 달리해야 할 법적 근거는 없으므로 유죄를 인정한 원심판결은 유지되어야 한다고 주장했다. 2013년 개정된 군형법●은 단순한 용어 순화를 했을 뿐인데도, 동성 간 성행위 자체만으로 이를 비하하거나 금기시하여 무조건적인 처벌의 대상으로 삼지 않으려는 의도가 포함되어 있다고 한 다수의견의 해석도 비판하고 있다.

  입법자가 다수의견과 같이 일정한 경우를 처벌대상에서 제외하겠다는 입법적 결단을 하였다면 2013년 개정 당시 '용어 순화'라는 개정이유에 그치지 않고 제정 군형법과 구 군형법에서의 해석과 다르게 처벌대상이 제한되어야 한다는 점을 현행 규정에 문언으로 명백하게 나타내었을 것이다. 그러나 입법자는 그러한 입법형식을 채택하지 않았고, 결국 현행 규정에는 다수의견이 주장하는 바와 같이 일정한 경우를 처벌대상에서 제외하겠다는 입법적 결단이 포함되었다고 볼 수 없다. 그럼에도 법률 문언에서 찾아볼 수 없는 이유를 논거로 삼아 현행 규정의 적용대상을 제한하는 것은 법률이 정한 구성요건에 수정을 가하는 것이므로 법률해

● '계간(鷄姦)' 대신 '항문성교'라는 표현을 사용하고 행위의 객체를 군형법이 적용되는 군인 등으로 한정하는 등의 개정이 있었다.

석론으로 받아들일 수 없다.

다수의견에 대한 대법관 김재형, 노정희, 천대엽, 오경미의 보충의견은 동성애 성적 지향과 그 성행위에 대한 국민들의 인식과 도덕적 평가가 개인적 견해에 따라 다양할 수 있지만, 적어도 동성 간 성행위가 그 자체만으로 중대한 법익에 대한 위험이 명백하거나 사회에 끼치는 해악이 커서 반드시 처벌되어야 하는 범죄행위라고 평가하는 것이 현재 우리 사회의 법의식은 아니라고 했다. 그러므로 현행법의 해석으로 충분히 그 적용범위를 제한할 수 있다는 것이다. 아래에서 그 주장을 직접 읽어보자.

정치의 영역에서 입법으로 해결해야 할 모든 문제를 사법부가 나서서 해결하려고 해서도 안 되고 그렇게 할 수도 없다. 그러나 지금 우리가 마주하고 있는 이 문제는 헌법과 법률의 틀 안에서 법률의 해석을 통하여 해결할 수 있는 문제라는 것이 다수의견의 입장이다. 법원은 헌법과 법률, 그리고 양심에 따라(헌법 제103조) 법적 안정성을 침해하지 않는 한도에서 구체적 타당성 있는 결론을 도출할 수 있도록 최선의 노력을 다하여 법률을 해석하고 적용해야 한다. 법률의 위헌성을 인식하고서도 만연히 법률개정을 기다려야 한다는 이유로 법원 앞에 있는 당사자를 구제할 수 있는 길을 외면해서는 안 된다. 그것이 바로 국민이 사법부에 부여한 권한이자 임무이다.

롤스는 서론에서 보았듯 '공적 이성이야말로 법원이 행사하는 유일한 이성'이고 법원은 공적 이성의 산물이며 이것만으로 구성된 유일한 정부 부서라고 한다. 공적 이성의 표본으로서의 역할 중하나로 롤스는 법원이 헌법을 분명하고 효과적으로 해석함으로써 근본적인 정치적 질문에 대한 권위적 판단을 내리는 것을 든다.

성적 지향의 문제는 성전환자의 인간존엄성에 대한 문제만큼이나 헌법의 핵심사항에 속한 문제로서 롤스가 말한 바에 따르자면 서로 다른 포괄적 신념체계를 가진 사람들일지라도 공적 이성을 발휘하여 중첩적 합의를 찾아가야 하는 영역의 문제다. 롤스는 시민 간의 동성애 관계를 범죄로 볼 것인지는 선善의 문제이거나 종교적 신념에 근거해서 판단할 문제는 아니라고 했다. 그러면서 문제의 핵심은 "무엇보다도 그러한 관계를 금지하는 입헌기구가 자유롭고 평등한 민주적 시민들의 시민권을 침해하는가의 여부에 있다. 이 문제는 시민권을 명확히 규정하는 합당한 정치적 정의관을 요구한다"라고 했다.[29] 결국 포괄적 신념체계들로부터 독립하여 공적 이성에 의한 중첩적 합의가 필요한 부분이고, 그렇지 않은 상황에서는 입법에 의한 금지라고 해도 타당하지 않다는 것이다.

성적 소수자에 대한 거듭된 전원합의체 판결들은 짧지 않은 시간 동안이었지만 조금씩 합의의 범위를 넓혀가고 있다. 그러나 롤스가 주장하는 중첩적 합의가 이루어졌다고 볼 수는 없고, 사회의 변화를 조금씩 수용해가는 단계로 보인다. 결국은 입법으로 해결되어야 할 문제이지만 법원의 이러한 판결의 집적은 입법의 영역에도 영향을 미칠 것이라 짐작된다.

4장 | 재산권의 보호 범위

부동산 명의신탁을 둘러싼 사건

롤스의 재산소유 민주주의

롤스는 1975년 『정의론』의 개정판 원고를 완성했고 1999년 이를 출판하기도 했다. 1990년 11월에 쓴 개정판 서문에서 롤스는 개정판에서 하고 싶은 것의 하나는 복지국가라는 관념과 재산소유 민주주의property-owning democracy라는 관념을 더욱 예리하게 구분하는 것이라고 했다.

롤스는 양자 모두 생산적 자산에 대한 사유재산권을 허용하고 있기 때문에 본질적으로 동일한 것이라고 생각하기 쉬우나 재산소유 민주주의는 경쟁시장체계를 구비하고 있으면서도 부 및 자본소유의 분산을 시도한다는 점이 다르다고 한다. 복지국가는 어떤 사람도 일정한 생활수준 이하로 떨어져서는 안 된다는 목적을 가지고 실업 보상이나 의료 혜택 등으로 각 시기의 최종 순간에 도움을 주는 체제로서 생산수단에 대한 소수의 독점을 개의치 않으며 차등의 원칙을 위배하는 과도한 소득격차라거나 대규모의 부의 불평등이 상속되는 것을 막고자 하지는 않는다. 이에 대하여 재산소유 민주주의는 처음부터 시민 일반의 수중에 생산적 자산들을 주고 교육과 훈련을 제공함으로써 공정한 기회균등을 보장하며 호혜성과 상호성 원칙에 입각한 차등의 원칙을 강조하고 상속 및 증여에 관한 법률을 통해 자본과 자원의 소유를 상당기간 지속적으로 분산시킨다는 차이가 있다.[1]

복지국가와 재산소유 민주주의는 구분되어야 한다는 문제의식을 가졌던 롤스와는 달리 『정의론』 초판이 출판되던 1970년대 당시 미국사회는 자유에 더욱 철저해야만 한다는 자유지상주의자들이 대두하던 시기이기도 했다. 대표적인 자유지상주의자로는 프리드리히 하이에크Friedrich Hayek, 밀턴 프리드먼Milton Friedman, 로버트 노직Robert Nozick 등이 꼽힌다.

미국에서 '자유주의자'liberal라는 용어는 정치적으로는 민주당 좌파, 경제적으로는 케인스주의적인 입장을 가진 사람들을 일컫는 용어였다. 그러자 고전적인 의미의 자유주의자들은 자신들의 입장을 선명하게 하기 위해서 '자유지상주의자'libertarian라는 용어를 사

용하게 되었다.[2]

나카마사 마사키의 설명을 따라가자면, 노직은『정의론』이 출간된 지 3년이 된 1974년『아나키에서 유토피아로』를 출간하여 자유지상주의의 철학을 체계적으로 보여주었다. 자연 상태에서 출발한 사회구성원들은 결국 '최소국가'로 나아가게 될 뿐 부의 재분배 기능을 갖춘 '확장국가'로 나아갈 수는 없다고 노직은 주장했다. 확장국가는 오히려 개인의 권리를 침해한다는 것이다. 그의 '소유권 리론'에 의하면 그때까지 누구에게도 소유되지 않은 물건(이른바 '무주물無主物')의 소유, 소유물의 이전, 소유물의 이전에서 부정이 생겼을 때 바로잡는 문제 등 세가지만 정의의 문제가 된다. 최소국가는 이 세가지 종류의 정의만을 보장하며, 롤스식의 차등의 원칙은 오히려 정의의 원칙에 반한다. 롤스의『정의론』이 상정하고 있는 확장국가가 아니라 최소국가가 개개인이 자신의 책임과 판단력에 의해 자유롭게 살아가는 인격으로서 존중받는 삶을 실현할 수 있도록 해주며 이런 사회가 유토피아라는 것이다.[3]

한편 1980년대에는 자유지상주의자의 지나친 자유를 비판하는 공동체주의자가 대두하고 있었다. 마이클 샌델Michael Sandel이라든지 알래스데어 매킨타이어Alasdair MacIntyre, 마이클 왈저Michael Walzer 등이 대표적이다.

이런 분위기 속에서 롤스는 자유주의를 근간으로 하면서도 자신의 정치철학을 구체화하는 근본관념의 하나로 '질서정연한 사회'

라는 관념을 내세운다. 질서정연한 사회는 "공적 정의관에 의해 효과적으로 규제되는 사회"로서, 서로 다른 포괄적 신념체계를 주장하는 민주시민들일지라도 정치적 정의관에서는 합의에 이르러서 사회통합의 충분하고도 가장 합당한 기반을 제공하는 사회다.[4] 그러므로 이때의 정의관은 "사회의 정상적이고 완전히 협력적인 구성원으로 간주되는 시민들 사이에서 한 세대에서 다음 세대로 지속되는 공정한 협력조건을 구체화하기에 가장 적합한" 정의론이 되어야 한다.[5] 롤스는 이 정의관이야말로 군주정과 귀족정에 대한 자유주의의 비판과 자유주의적 입헌민주주의에 대한 사회주의의 비판, 사적 소유와 복지정책 등에 대한 자유주의와 보수적 입장 사이의 갈등 등 근본적인 질문에 대한 가장 적절한 답이라고 했다.

롤스는 『공정으로서의 정의: 재서술』의 4부에서 자유방임 자본주의, 복지국가 자본주의, 일당체제가 감독하는 명령경제를 가진 국가사회주의, 재산소유 민주주의, 자유주의적(민주적) 사회주의로 사회체제를 분류한다. 자유방임 자본주의는 단지 형식적 평등만을 보장하며 평등한 정치적 자유들의 공정한 가치와 공정한 기회균등을 거부한다. 복지국가 자본주의에서는 기회균등에 일정한 관심을 가지기는 하지만 그것을 이루는 데 필요한 정책을 수반하지는 않는다. 복지의 제공이 너그럽고 기본적 필요를 포괄하는 품위 있는 사회적 최소치를 보장할 수도 있지만 경제적·사회적 불평등을 규제할 호혜성의 원칙은 인정되지 않는다. 명령경제를 가진 국가사회주의에서는 평등한 기본적 권리들과 자유들도 보장되지 않는다. 재산소유 민주주의와 자유주의적 사회주의는 생산수단을 사적으로 소유할 수 있는지 여부에 따라 달라진다. 자유주의적 사회주의는 재산소유 민주주의와는 달리 생산수단은 사회가 소유하지만 경제권력은 기업들 사이에 분산되고 직업선택의 자유도 보장된다. 롤스는 재산소유 민주주의와 자유주의적 사회주의 체제 사이에서 결정을 내릴 때 고려할 사항은 사회의 역사적 상황과 정치 사상 및 실천의 전통 등이라고 했다.[6]

복지국가 자본주의 또한 재산소유 민주주의처럼 생산적 자산의 사적 소유를 허락하지만, 소수가 생산수단을 거의 독점하는 것도 가능한 데서 재산소유 민주주의와 결을 달리한다. 재산소유 민주주의는 소득재분배가 아니라 공정한 기회균등을 배경으로 모든 시민이 정당한 정도의 사회적·경제적 평등의 토대 위에서 자신들의 삶을 꾸려나갈 수 있게 하는 것이다. 반면 복지국가 자본주의는 각 시기의 마지막에 원조가 필요한 이들을 식별할 수 있을 때 소득을 재분배해서 누구나 품위 있는 최소한의 생활수준을 받게 하는 것을 목적으로 한다. 재산소유 민주주의가 생산 자산과 교육 등 인간자본의 광범위한 소유를 보장함으로써 사전 분배에 초점을 맞춘 것이라면 복지국가 자본주의는 사후 분배를 강조한다는 차이가 있다.[7] 그러나 롤스는 복지국가 자본주의에서는 다수가 만성적으로 복지에 의존하는 하층계급이 생겨날 수 있고, 이 계급은 배제되었다고 느끼고 공적 정치 문화에 참여하지 않게 된다고 지적한다.

현재 우리 사회가 위치하고 있는, 나아가 지향하는 사회는 롤스가 앞에서 든 사회들 중 어떤 사회에 가까울까. 자유방임 자본주의나 국가사회주의, 자유주의적 사회주의를 먼저 제외시키고 나면 복지국가 자본주의와 재산소유 민주주의가 남는다. 냉정하게 평가해보면 우리 사회는 재산소유 민주주의에의 지향이 없다고 할 수는 없지만 복지국가 자본주의에 가깝다고 할 수 있다. 소수가 생산수단을 거의 독점하는 것이 규제될 수 있는 별다른 제도적 방편이 없을 뿐 아니라 소득재분배에 의한 복지로서 최소한의 삶을 유지하도록 하는 정책을 확장해가고 있기 때문이다. 다음에서는 부동산 명의신탁제도를 둘러싼 전원합의체 판결에서의 각 의견들을 들여다보면서 그 의견들이 어떤 토대를 기초로 하고 있는지 살펴보기로 하자.

명의신탁제도의 변천

명의신탁이란 말 그대로 등기부 등 권리관계에 대한 기록은 다른 사람 명의로 해두면서 사실상의 권리는 명의를 맡긴 사람이 행사하는 방식을 일컫는다. 다른 나라에서는 보기 어렵다는 이런 방식의 '명의를 맡겨두는 제도'는 일제시대의 산물이라고 한다. 일제

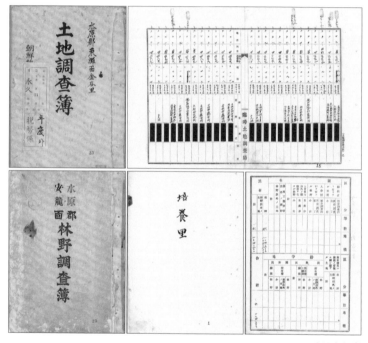

한일강제병합 이후, 총독부 임시토지조사국에서 영구적 식민통치기반 구축과 수탈경제의 기반 마련을 위해 토지와 임야의 소유자를 파악하는 조사사업을 실시했다. 그 결과 만들어진 토지조사부(위)와 임야조사부(아래).

강점기이던 1912년 토지조사령과 이어진 임야조사령에 의해 토지 및 임야의 소유자와 경계를 확정하면서 조선부동산등기령에 따라 등기를 하도록 했다. 그런데 이때 종중재산을 종중명의로 등기하는 규정을 두지 않아서 종중명의로 등기할 수 없게 되자 종중원의 명의로 등기를 해둔 데서 명의신탁은 시작되었다. 명의자(수탁자)와 명의를 맡긴 사람(신탁자) 사이에서는 신탁자가 소유권을 보유하지만 대외적으로는 명의자가 소유권자로서 권리를 행사한다는 방식이어서 여러 법률적 문제를 일으킬 수밖에 없는 제도다. 즉 명의가 없는 신탁자의 권리 처분은 어디까지 유효한 것인지, 명의수탁자가 함부로 자신의 명의로 된 권리를 처분하면 형사처벌을 받게 되는 것인지 계속 문제되어왔다. 되도록 명의와 실질을 일치시키는 방향으로 사회의 요구는 빠르게 변화되어왔지만 제도나 대법원 판결은 사회가 요구하는 속도에 비해서는 비교적 느린 속도로 변화해온 것은 사실이다.

첫번째 변화의 시도는 1990년 부동산등기 특별조치법의 제정이었다. 이 법은 부동산을 투기의 수단으로 이용하는 편법·탈법행위 등을 규제하기 위해 제정되었고, 대표적인 규제대상의 하나로 명의신탁을 꼽았다. 이에 따라 조세부과를 면탈하려는 목적 등을 위한 명의신탁은 금지하고, 그외의 사유로 명의신탁약정에 따른 등기를 하는 경우에는 등기신청요건을 강화하면서, 위반할 때에는 징역 또는 벌금형에 처할 수 있도록 했다. 그러나 명의신탁자는 필요할 때는 언제든지 자신의 명의를 되찾아올 수 있었기 때문에 형사처벌의 위험성에도 불구하고 명의신탁을 근절하는 데는 별로 효력을 발휘하지 못했다. 두번째 시도로서 1995년 '부동산 실권리자 명의 등기에 관한 법률'(통칭 부동산실명법)이 제정되었고, 이 법에서는 부동산에 관한 명의신탁약정과 그에 따른 물권변동의 효력을 무효라고 규정했다.

그런데 대법원은 부동산실명법이 시행된 이후에도 여전히 명의신탁자는 명의신탁 부동산에 관한 반환을 청구할 수 있다고 해석했고, 명의수탁자가 명의신탁자의 승낙 없이 명의신탁부동산을 임의로 처분하면 횡령죄로 처벌할 수 있다고 판결했다. 이처럼 명의신탁이 전면적으로 무효라고 규정했음에도 여전히 명의신탁자는 실질적으로 소유권자로서 권리를 행사할 수 있다는 데는 변함이 없었다. 2016년 전원합의체 판결[8] 등에서는 명의를 수탁받은 자가 임의로 그 부동산을 처분하면 횡령죄로 처벌하던 판결들을 변경하여 횡령죄로 처벌할 수 없다고 판결했다. 명의수탁자는 명의신탁자의 재산을 보관하는 자가 아니라는 이유에서였다. 그러나 그 경우에도 불법행위는 인정되므로 민사상의 책임을 지는 것은 면할 수 없다.[9]

부동산실명법 제정 이후인 1997년 말 금융거래 분야에서도 '금융실명거래 및 비밀보장에 관한 법률'(통칭 금융실명법)이 시행되었으나 다른 사람 명의의 예금계좌를 이용한 비자금 조성, 조세포탈

등의 탈법·불법행위가 계속되었다. 대법원은 2009년 전원합의체[10]에서 금융실명법이 시행된 이후부터는 실명확인을 한 예금명의자가 예금계약의 당사자라고 판결했다. 이에 따라 실제로 자금을 제공한 사람이 있다고 해도 그 사람을 예금계약의 당사자라고 볼 수 없게 되었다. 금융실명법 시행 이전에는 부 또는 모가 실제 자금주로서 자녀 명의로 예금통장을 개설하고 예금을 찾아 쓰거나 예금계약을 해지하는 것이 가능했다면 위 판결 이후에는 예금계약의 당사자는 자녀이므로 부 또는 모가 일방적으로 통장을 개설하고 거래를 하는 것이 불가능해졌다. 그러나 부동산계약에서는 명의신탁은 무효라는 부동산실명법의 규정에도 불구하고 명의신탁자의 권리행사는 막을 수가 없었다.

실명법을 위반한 신탁자는 수탁자의 등기 말소를 구할 수 없는가

2019년의 대법원은 전원합의체에서 부동산실명법을 위반하여 무효인 명의신탁약정에 따라 부동산 소유자의 명의를 명의수탁자에게 넘기는 등기를 한 경우에, 명의신탁자가 부동산을 돌려받기 위해 명의수탁자를 상대로 그 등기의 말소를 구할 수 있는지를 쟁점으로 한 사건을 판결했다.[11]

민법 제746조는 불법인 원인으로 재산을 급여한 경우에는 그 반환을 구할 수 없도록 규정하고 있다. 불법인 원인으로 재산을 준 장본인이 반환을 청구하면 그에 대한 법적 보호를 거절함으로써 소극적으로 법적 정의를 유지하려는 데 그 취지가 있다. 예를 들어 제3자에게 뇌물을 전달해달라고 준 돈은 그 돈을 받은 사람의 소유가 되고 돌려달라고 할 수 없다. 성매매를 할 사람을 고용하면서 선불금을 지급한 경우에도 불법원인급여 규정이 적용되어 선불금의 반환청구가 금지된다.

그러나 부동산실명법에서 명의신탁을 금지하고 있다는 이유만으로 명의신탁자가 명의수탁자에게 불법원인급여라고 해서 그 부동산을 반환받을 수 없도록 할 것인지는 쉽게 결론 내리기가 어렵다. 대법원의 의견은 9 대 4로 나뉘면서 명의신탁자는 명의수탁자에게 반환을 요구할 수 있다고 판단했다. 즉 불법원인급여는 아니라고 본 것이다.

다수의견은 부동산실명법 규정 자체가 명의신탁약정을 한 후 명의신탁자로부터 명의수탁자에게 소유권이전등기가 이루어지더라도 부동산 소유권은 그 등기와 상관없이 명의신탁자에게 그대로 남아 있도록 정하고 있다는 것을 중요한 논거로 삼고 있다. 부동산실명법 제4조 제2항 본문에서 물권변동은 무효라고 하고 있으므로 물권변동의 효력이 발생하지 않는다는 것이다. 다수의견은 명의신탁에 대하여 불법원인급여 규정을 적용한다면 이와 같은 부동산실명법 규정에도 합치되지 않을 뿐 아니라 재화 귀속에 관한 정의 관념에도 반하는 결과로 된다고 주장한다. 헌법상 모든 국민의 재산권은 보호된다고 선언하고 있고, 부동산실명법은 명의신탁자가 소유권을 회복할 수 있는 가능성을 열어두었는데 명의신탁자가 부동산을 반환받을 수 없다면 명의신탁자의 신탁부동산에 대한 재산권을 보장하지 못하는 결과로 되어 재산권의 본질적 부분을 침해하는 것이 된다고도 한다. 다수의견의 관련 구절을 직접 읽어보자.

> 부동산실명법은 명의신탁약정과 그에 따른 물권변동을 모두 무효로 함으로써 명의신탁자가 소유권을 온전하게 회복할 가능성을 열어놓았고, 명의신탁자가 다른 법률관계에 기초하여 등기회복 등의 권리행사를 하는 것까지 금지하지는 않음으로써 명의신탁자의 재산권 보장과 법이 추구하는 목적달성의 조화를 꾀하고 있다. 부동산 명의신탁을 규제하되 헌법상의 재산권 보장과 조화를 꾀하고자 한 것이 부동산실명법의 태도이다.

반대의견은 명의신탁약정은 부동산실명법 제3조, 제4조 제1항* 에 따라 무효일 뿐만 아니라 사회질서에 반하는 법률행위이므로 명의수탁자 명의의 소유권이전등기는 민법 제746조의 불법원인급

---

* 제3조는 실권리자 명의의 등기의무를 규정했고, 제4조 제1항은 명의신탁약정은 무효라고 선언하고 있다.

여에 해당한다고 보아야 한다고 주장한다. 따라서 명의신탁자는 명의수탁자를 상대로 명의신탁약정이 무효라고 하여 명의신탁 부동산의 반환을 청구할 수 없다고 했다. 부동산실명법이 부동산등기제도를 악용한 투기·탈세·탈법행위 등 반사회적 행위를 방지하고 부동산 거래의 정상화와 부동산 가격의 안정을 도모하려는 목적으로 제정되어 시행되고 있는 이상 법에서 허용하지 않는 명의신탁약정은 부동산등기제도를 악용한 반사회적 행위에 해당한다는 것이다.

토지에 대하여는 다른 재산권과 달리 공동체의 이익이 보다 강하게 반영될 것이 요구되므로, 적어도 부동산에 관한 명의신탁은 국가·사회의 공공질서 및 일반의 이익과 직결되어 있다. 명의신탁자는 부동산실명법을 위반하여 명의신탁약정을 체결하고 명의수탁자에게 명의신탁 부동산에 관한 등기가 마쳐지도록 한 자로서, 법원의 판단에 따라 민법 제746조의 불법원인급여 규정이 적용되어 명의신탁 부동산의 소유권을 상실하게 되더라도 이를 받아들여야 한다.

다수의견에 가담했던 대법관 김재형은 보충의견에서 부동산실명법의 규정이 명백한 이상 이 사건의 공개변론과 재판 과정에서 지적된 부동산실명법의 한계 또는 미비점은 입법으로 수정되어야

할 뿐 사법부가 판례를 변경하여 해결할 수 있는 문제는 아니라고
했다.

많은 국민들이 부동산 명의신탁에 관한 문제의식을 공유하고 있
고 명의신탁제도를 개선해야 한다는 필요성을 인식하고 있다. 다
수의견은 그 해결을 위한 입법적 개선이 필요하다는 점을 반대하
는 것이 아니다. 다만 반대의견과 같이 오로지 명의신탁을 근절
하고자 하는 목적으로 입법자의 결단과 부동산실명법의 문언에
반하여 불법원인급여 규정을 적용하는 것은 사법의 한계를 벗어
난 것임을 분명히 지적하고자 한다.
입법적 해결은 명의신탁을 해소하기 위한 여러 방안 중에서 가장
효과적이면서도 헌법상 재산권 보장 원칙을 침해하지 않는 다양
한 방법을 선택할 수 있다는 장점이 있다. (…)
법원이 언제 나서야 하고 언제 물러나야 하는지는 판단하기 쉽지
않은 문제이다. 그러나 우리 사회의 모든 문제를 법원이 해결해
야 하는 것은 아니다. 입법으로 해결해야 할 문제를 사법이 나서
서 해결하려고 한다면 입법과 사법의 기능이 뒤섞이게 되어 종국
적으로는 법에 대한 불신을 초래할 수 있다.

명의수탁자가 부당이득을 취한 경우 누구에게 반환되어야 하는가

2021년의 대법원 전원합의체 판결[12]도 앞서 본 판결과 같은 문제의 연장선상에서 나온 것이라 볼 수 있다. 사건의 내용은 다음과 같다.

원고는 자신의 돈 10억원을 지급하고 부동산을 사면서 피고 명의로 소유권이전등기를 해두었다. 피고는 그후 이 부동산에 채권최고액 6억원으로 근저당권을 설정하고 5억원을 대출받았다. 원고(명의신탁자)는, 명의수탁자인 피고가 이 사건 근저당권을 설정하고 대출을 받음으로써 피담보채무액 상당의 이익을 얻었고 그로 인하여 원고에게 같은 금액의 손해를 가했다고 주장하면서, 피고를 상대로 부당이득의 반환을 구했다.

이 사건은 원고가 직접 피고에게 등기의 명의를 수탁한 것이 아니라 제3자가 개입한 경우다. 매수인인 원고의 부탁으로 매도인이 매매계약의 당사자가 아닌 피고에게 등기명의만을 이전해주었다. 이때에도 부동산실명법에 따라 원고와 피고 사이의 명의신탁은 무효가 된다. 그러나 명의를 가지고 있음을 기화로 피고가 이를 처분한 경우 부동산실명법은 새로운 등기명의인이 유효하게 권리를 취득한다고 규정하고 있다(이 사건 같은 근저당권설정등기의 경우 근저당권자는 유효하게 근저당권을 취득하게 된다). 이럴 경우 피고가 얻게 된 처분대금이나 근저당권설정을 하고 받은 대출금 등은 부당이득이 된다 (피고가 대출금을 변제하는 경우도 있겠지만 논외로 한다). 이때 부당이득을 반환받을 권리는 원래 이 부동산을 매수하기 위해 자금을 제공한 원고에게 있는지, 피고에게 한 소유권이전등기가 무효로 되어서 다시 원래의 매수인인 원고에게 소유권이전등기를 해주어야 하는 의무가 있는 매도인에게 있는지가 문제되었다. 그동안 판례는 이와 같은 경우 명의를 신탁한 원고에게 부당이득을 반환해야 한다고 판단해왔는데 이러한 판례를 변경할 것인지가 이 사건에서 다루어진 것이다.

전원합의의 결과는 8 대 5로, 다수의견은 종전 판례는 그대로 유지되어야 한다고 판단했다. 신탁자와 수탁자의 문제에 제3자인 매도인을 끌어들일 필요가 없다는 것이다. 문제는 명의신탁자와 명의수탁자 사이에서 이루어진 명의신탁약정이 무효인 데서 비롯된 것이므로 이에 따른 이해관계 조정의 문제도 명의신탁약정의 당사자인 명의신탁자와 명의수탁자 사이에서 해결하는 것이 타당하다는 것이다. 그 이유의 일부를 직접 읽어보자.

설령 매도인을 이해관계 조정에 참여시키더라도 명의수탁자가 처분행위 등으로 얻은 처분대금이나 보상금 등의 이익은 실제 매도인을 거쳐 명의신탁자에게 귀속되는 것과 같다. 그러므로 굳이 매도인을 끌어들이는 것보다는 명의신탁자가 명의수탁자에게 직접 부당이득반환청구권을 행사하도록 하는 것이 법률관계를 간명하게 해결하는 것으로서 합리적이다.

반대의견은 이 사건 명의신탁은 무효이므로 명의수탁자 명의의 등기도 무효여서 소유권은 원래의 매도인에게 돌아가게 되고 이에 따라 근저당권의 설정으로 발생한 손해는 매도인에게 귀속되므로 원고에게는 손해가 없다. 따라서 명의신탁자인 원고가 피고에 대하여 제기한 이 사건 근저당권의 피담보채무액 상당의 부당이득반환청구는 받아들여져서는 안 된다고 했다. 이때 매도인은 피고로부터 원래대로 부동산의 명의를 돌려받기까지는 원래의 매수인인 원고에게 매매대금을 반환하거나 소유권을 이전하지 않아도 되지만, 그렇다고 하여 아무런 손해가 없다고 볼 수는 없으므로 이를 전제로 한 다수의견은 이 점에서도 옳지 않다고 했다. 그 이유의 일부를 보자.

신탁부동산의 소유권이 제3자에게 이전되더라도 이를 원인으로 하여 명의신탁자와 명의수탁자 사이에 직접적인 급부의 청산관계나 권리침해에 따른 보상관계가 발생하지는 않는다. 따라서 명의수탁자의 처분행위 등으로 매도인이 그 소유권을 상실하여 결과적으로 명의신탁자의 소유권이전등기청구권이 이행불능에 이르게 되었다고 하더라도, 매도인을 제외한 채 명의신탁자와 명의수탁자 사이에 부당이득반환 관계가 직접 성립한다고 볼 수 없다.

다수의견에 대한 대법관 조재연의 보충의견은 만일 매도인이 부당이득반환청구권을 가지면 원고와 피고 사이의 명의신탁관계로 발생하는 위험부담을 매도인이 지게 되는 것이어서 부당하다고 주장한다. 원고는 스스로의 의사결정으로 매매계약을 체결하고 명의신탁약정을 하고 등기도 피고에게 이전되게 했으므로 그에 따른 책임도 원고가 부담해야 한다는 것이다. 이유의 일부를 보자.

반대의견과 같이 매도인은 명의수탁자에 대하여 손해배상청구권이나 부당이득반환청구권을 행사하고 명의신탁자는 매도인에 대하여 계약해제권을 행사하여 원상회복으로 매매대금을 반환받거나 채무불이행에 따른 손해배상을 청구하는 방법으로 권리구제를 받을 수 있다고 보면, 명의수탁자의 처분행위 등으로 인한 위험을 매도인에게 부담시키고 명의수탁자의 무자력 위험까지 부담하게 함으로써 부동산실명법 위반상태를 주도적으로 야기한 명의신탁자가 인수하여야 할 위험을 매도인에게 전가하는 결과를 가져온다.

이 점에 대하여 대법관 박정화, 노태악은 반대의견에 대한 보충의견에서 반박하고 있다. 명의신탁자에게 명의수탁자에 대한 부당이득반환청구권을 인정하는 것이 오히려 자기책임의 원칙과 공평의 이념에 반하는 결과를 가져와 부당하다는 것이다. 세 사람 사이에서 이루어진 등기명의신탁에서 명의신탁자가 매매대금을 매도인에게 전부 지급하면서도 자신의 이익을 위해 매수한 부동산에 관하여 무효인 명의신탁등기를 함으로써 불확정적인 법률관계를 조성했다면 이로 인하여 발생할 수 있는 위험의 부담은 명의신탁자 스스로 지는 것이 자기책임의 원칙에 부합한다. 그런데 명의신탁자가 매매계약과는 별개의 법률관계인 명의신탁약정에 기해서 부당이득반환청구권을 행사할 수 있게 하는 것은 매매계약에 따른 책임을 스스로 져야 하는 매수인으로서의 자기책임의 원칙에 반할 뿐 아니라 법적 근거도 없다는 것이다. 의견의 일부를 보자.

명의신탁자와 명의수탁자 사이의 부당이득반환의 법률관계를 인정하면 명의신탁자는 자신이 만든 위험을 스스로 부담하지 않은 채 매매계약의 당사자도 아닌 명의수탁자에게 부당이득반환을 구함으로써 문제를 해결할 수 있게 된다. 이는 명의신탁자가 자기책임에 따라 체결하고 이행한 계약상 위험을 제3자인 명의수탁자에게 전가하는 것으로 계약법상 기본원리에 반한다.

명의신탁제도와 재산권보호의 문제

롤스는 원초적 단계에서는 기본적 자유들의 일반형식과 내용의 대강을 그려내게 되며, 그 구체적인 작업은 헌법적, 입법적, 사법적 단계에 맡겨져 있다고 보았다. 그러면서도 이후의 구체화 단계를 지도할 수 있는 기본적 자유들의 특수 역할과 적용의 중심 범위를 충분히 제시할 필요가 있다고 했다. 롤스는 기본적 자유들 중의 하나인 개인적 재산의 소유권 및 독점적 사용권을 예로 들어 그 역할과 범위를 제시하고 있다. 즉 재산권의 역할은 인격적 독립성과 자존감을 보존하는 데 필요한 충분한 물질적 기반을 보장하기 위한 것이며, 재산권에 지나치게 광범위한 권한을 허용하거나 지나치게 사회적 개입을 하는 것은 모두 피해야 한다는 것이다.[13] 이런 고려 끝에 롤스는 자유주의적 사회주의나 복지국가 자본주의가 아닌 재산소유 민주주의를 자신의 정의론이 구현되는 사회라고 했다. 재산권에 대한 적절한 보호가 '자유롭고 평등한 시민들 간의 공정한 협력체계로서의 사회'라는 관념을 기본제도에서 실현하는 데 더 적합하다고 보았기 때문이다.

우리 사회가 재산소유 민주주의에 가까운 사회이든, 복지국가 자본주의에 가까운 사회이든 재산권에 대한 지나친 사회적 개입은 허용되지 않는 사회인 것은 누구도 부인할 수 없다. 앞의 판결들이 다수의견으로 합의한 것도 재산권보호로서, 재산권에 지나친 법률적 개입을 자제하는 것이었다. 자기책임의 원칙이라든지 공평의 원칙들을 들어서 재산의 보유에 도덕적인 요구를 어느 정도로 할 것인지에 따라 다수의견과 반대의견의 입장 차이가 드러났다.

두 판결에서 다수의견의 입장은 재산에 대한 명의와 소유의 일치를 추구하는 것을 반대할 수는 없지만 그 과정에서 명의신탁한 재산을 돌려받지 못하게 하거나 명의신탁 재산의 처분에 따른 이익을 직접 받을 수 없게 하려는 것은 재산권보호에 반하는 것이므로 법률 규정에 충실한 해석으로 한계를 설정할 수밖에 없다는 것이다. 재산권보호에 더 충실한 입장이라고 할 수 있다.

첫번째 판결의 반대의견은 재산권의 보유나 행사가 반사회적으로 되는 경우의 범위를 민법의 다른 규정의 해석으로 조금 더 넓힐 수 있다는 입장이다. 재산의 보유에 도덕적 요구를 조금 더 강화하는 결과가 된다. 두번째 판결에서는 다수의견과 반대의견 모두 명의신탁제도가 가져오는 부작용과 불합리를 줄여보려는 법률해석을 하려 하지만 일치된 해석에 이르지는 못했다. 더구나 다수의견에 의하면 명의신탁제도를 긍정하는 듯한 결론이 되어버리므로 그동안의 명의신탁을 무효라고 보고 규제하려는 흐름에서 더 멀어졌다는 비판을 면하기 어렵게 되었다.

이처럼 부동산에 대한 명의신탁제도를 악용하는 데 대하여 적절한 제재를 가하기 위해 여러가지 입법과 판결 들이 있어왔으나 재산권에 대한 헌법적 보장을 하고 있는 우리나라에서 재산권의 자유로운 행사를 제재하는 데는 한계가 있다는 것을 이 두 판결들은 보여주고 있다.

이 사건들이 제기하는 문제가 롤스가 분류한 바에 의한 부와 자본의 소유를 분산시키려는 재산소유 민주주의와 재산의 사후 분배에 의한 최소한의 생활수준을 보장하고자 하는 복지국가 자본주의 중 한쪽을 선택하는 문제는 아니었다. 그러나 롤스가 지향한 '자유롭고 평등하다고 여겨지는 시민들 간의 공정한 협력체계로서의 사회라는 관념을 기본제도에서 실현하려는 재산소유 민주주의에서의 목적' 쪽에서 보자면 첫번째 판결의 반대의견이 롤스의 지향에 더 가까워 보인다. "토지에 대하여는 다른 재산권과 달리 공동체의 이익이 보다 강하게 반영될 것이 요구"된다고 보고 있기 때문이다. 그러나 이 결론에 의하면 명의신탁된 재산을 함부로 처분해도 형사법적으로 처벌되지도 않는데 민사법적으로도 돌려줄 필요가 없게 된다. 재산권에 대한 더 강력한 보호를 원하는 흐름과는 거리가 있다. 재산권의 보호 범위에 대한 사회적 합의와 그에 따른 입법조치가 필요한 문제다. 하지만 재산권의 강력한 보호에 대한 요구가 여전한 우리 사회에서 그동안의 수차례에 걸친 입법조치에서 더 나아가 더욱 강한 조치를 도입할 가능성은 예상하기 어렵다.

재산소유 민주주의에 대한 합의보다는 복지국가 자본주의에 더 가까워지고 있는 우리 사회를 감안할 때 부동산 명의신탁제도에 따른 부작용 등을 해결하기 위한 동력을 다시 끌어올리는 데는 한계가 있다. 어느 쪽의 결론을 지지하든 부동산 명의신탁제도를 악용하는 행태를 바로잡아가는 일이 여전히 문제로 남을 것이 예상된다.

5장 | 가족제도와 정의의 원칙

손자녀 입양, 미성년자 특별한정승인 사건

가족이라는 제도의 가치

한국사회는 농촌 대가족 위주의 공동체사회에서 도시 핵가족 위주의 개인주의적 사회로 급속하게 변화했다. 급속도로 변화한 가족의 삶을 사회가 제도적으로 뒷받침하지 못함에 따라 아동학대와 유기, 여성의 일과 가정 양립의 어려움에 따른 경력단절, 출산율 저하 등 여러 문제가 발생한다. 그리고 이러한 문제에 따르는 직간접적 피해는 가장 먼저 가족 사다리의 아래에 자리한 아이들, 즉 가장 약자이면서도 미래세대인 아이들에게 돌아간다.

2부 3장에서 살펴보았듯, 롤스는 가족의 역할 중 하나가 입헌체제를 지탱하는 것이라 보았다. 세대에서 세대로 사회와 문화를 이어주는 중심축이라는 것이다. 그래서 미래시민으로서의 아이들의 평등을 공적 이성의 가치 중 하나로 꼽고 있기도 하다.

롤스는 정치적 정의의 원칙이 사회 속 결사체 혹은 단위들의 내부적 삶에 직접 적용되어서는 안 되므로 가족에게도 정의의 원칙들이 직접 적용되지는 않는다고 한다. 다만 시민으로서의 관점과 가족 및 결사체의 구성원으로서의 관점은 구분해야 한다. 구성원으로서 내부적으로는 그 결사체에 적합한 자유롭고 풍요로운 삶을 누리도록 보호되어야 하지만, 시민으로서는 결사체들에 정치적 정의의 원칙이 구체화되도록 하는 제약을 가할 필요가 생긴다. 그래서 때로는 모든 시민에게 기본적 권리와 자유, 그리고 공정한 기회를 보장해야 한다는 정치적 원칙이 가족 내부에도 적용된다. 이를테면 아내는 남편과 동일한 권리와 자유를 누려야 한다. 가족의 역할을 넘어서는 방식으로 아이들을 대하는 것도 안 된다. 장자상속이나 항상 맏아들, 맏딸을 우선하는 것은 재고되어야 한다. 이혼과 관련한 법이 아이들을 양육하는 여성들에게 불이익하게 적용되면 사회의 미래시민인 아이들이 정치적 덕을 제대로 습득하지 못하게 될 수도 있으므로 여성의 시민으로서의 권리가 침해되어서는 안 된다.[1]

롤스의 이런 시각을 전제로 한국사회는 가족문제 특히 미성년자의 보호에 관련해 어떤 정도에 와 있는지를 두 전원합의체 판결을 통해 살펴보자.

손자녀를 입양할 수 있는가

2021년 대법원은 미성년 손자녀의 복리를 위해 친생부모를 두고 외조부모가 미성년 손자녀를 입양할 수 있는지 하는 문제에 대한 전원합의체 결정을 내렸다.[2]

아이의 친생모는 생후 7개월이 된 아이를 친정부모에게 맡겨두어서 그때부터 외조부모가 아이를 양육해왔다. 아이의 외조부모는 아이의 입양에 대한 허가를 청구하면서, 아이의 친생부모와 교류가 없고 아이는 외조부모를 부모로 알고 성장했으며 가족이나 친척, 주변 사람들도 외조부모를 아이의 부모로 대하고 있다고 주장했다. 아이의 친생부모는 외조부모가 아이를 입양하는 데 동의했다.

제1심과 제2심은 아이의 외조부모의 청구를 받아들이지 않았다. 아이(사건본인)의 복리를 고려해볼 때 외조부모가 입양하는 것은 바람직하지 않다는 이유였다. 대법원의 결정문에서 요약하고 있는 제2심의 결정이유는 다음과 같다.

사건본인의 친생모가 생존하고 있는 이 사건에서 재항고인들[•]이 사건본인을 입양하면 재항고인들이 외조부모이자 부모가 되고

미성년자인 손주를 자녀로 입양할 수 있나요?

갑순이는 갑돌이와 혼인한 후 똘똘이를 임신하여 출산하였지만, 출산 후 얼마 지나지 않아 이혼하게 되었고, 갑순이가 똘똘이의 친권 및 양육자가 되었습니다. 하지만 똘똘이가 태어난지 10개월이 될 무렵 갑순이는 자신의 부모에게 아이를 맡기고 집을 나가 버리고, 그때부터 조부모는 외손자인 똘똘이를 애지중지 키워 왔습니다. 하지만 친권 및 양육권이 없는 상태에서 아이를 키우는데 많은 제약이 따랐고, 이제 곧 초등학교에 입학할 손주가 조부모 밑에서 자랐다고 놀림을 받지는 않을까 걱정하던 중 조부모는 똘똘이를 자신의 자녀로 입양하기로 결심을 하고, 이웃에 사는 법을 좀 안다는 오랜 친구를 찾아가 상담을 하게 되는데……

과연 다음 중 누구의 말이 맞는 걸까요?

※ 관련 조문
민법 제867조(미성년자의 입양에 대한 가정법원의 허가) ① 미성년자를 입양하려는 사람은 가정법원의 허가를 받아야 한다. ② 가정법원은 양자가 될 미성년자의 복리를 위하여 그 양육상황, 입양의 동기, 양부모의 양육능력, 그 밖의 사정을 고려하여 제1항에 따른 입양의 허가를 하지 아니할 수 있다.

©법제처

법제처에서 운영하는 '찾기 쉬운 생활법령 정보' 온라인사이트의 사례에 손자녀 입양에 관한 2021년의 대법원 판결이 수록되어 있다.

친생모는 어머니이자 누나가 되는 등 가족의 내부 질서와 친족관계에 중대한 혼란이 초래될 것이 분명하다. 현재 상태에서 재항고인들이 사건본인을 양육하는 데 어떠한 제약이나 어려움이 있다고 보기 어렵고, 설령 사건본인의 양육에 법률상·사실상의 장애가 있더라도 미성년후견을 통해 그 장애를 제거할 수 있다. 장래에 사건본인이 진실을 알게 되어 받을 충격 등을 고려하면 신분관계를 숨기기보다 정확히 알리는 것이 사건본인에게 이롭다고 볼 여지도 충분하다. 이 사건 입양을 통해 친생부모가 사건본인에 대한 책임을 회피할 수 있도록 하는 것이 사건본인의 복리를 위해 바람직하다고 보기도 어렵다.

대법원 전원합의체 결정의 다수의견**은 외조부모인 재항고인들의 입양으로 가족의 내부 질서와 친족관계에 혼란이 초래될 수 있더라도, 사건의 구체적 사정에 비추어 입양이 사건본인의 복리에 더 이익이 된다면 입양을 허가해야 한다고 판단했다. 제2심은 친생부모나 사건본인 등에 대한 가사조사, 심문 등을 통해 이 사건에서 구체적으로 친생부모가 사건본인을 양육·부양하지 않고 있는 이유가 무엇인지, 친생부모가 자녀 양육과 입양에 관한 정보를 충분히 제공받은 상태에서 자발적이고 확정적으로 입양에 동의한

• 아이의 외조부모.
•• 10 대 3으로 나뉘었다.

것인지, 이와 같은 정보를 충분히 제공받은 이후에도 자녀를 스스로 양육할 의사가 없는지, 현재까지 재항고인들이 사건본인을 어떤 관계로 양육해왔고 재항고인들과 사건본인의 친생모 사이에 구체적으로 어느 정도 교류가 있는지, 사건본인의 입양에 대한 의견이 무엇인지, 만일 사건본인이 조부모를 친생부모로 알고 있다면 현재까지 양육 상황이 어떠한지 등 재항고인들의 입양이 사건본인에게 도움이 되는 사항과 우려되는 사항을 구체적으로 심리하고 둘을 비교·형량하여 이 사건 입양이 사건본인의 복리에 더 이익이 되는지 혹은 사건본인의 복리에 반하는지를 판단했어야 한다고 보았다. 그리고 심리 과정에서는 입양되는 자녀가 13세 미만인 경우에도 자신의 의견을 형성할 능력이 있다면 자녀의 나이와 상황에 비추어 적절한 방법으로 자녀의 의견을 청취하는 것이 바람직하다고 했다. 이런 이유로 제2심판결을 파기하고 사건을 돌려보냈다.•

그 이유 중 원칙적으로는 외조부모도 입양을 할 수 있다고 판단한 부분을 보자.

가정법원은 구체적인 사건에서 입양이 사건본인의 복리에 반한다고 볼 구체적인 사정이 있는지를 충분히 심리하여야 한다. 이

• 원심(제2심)은 파기되었으나 원래 판결했던 법원으로 돌아가지 못하고 원심결정 이후 새로 설치된 울산가정법원으로 이송되었는데 파기이송심에서도 원래의 제1, 2심과 결론을 같이했다. 즉 이 사건에서 입양을 허가하는 것이 아동의 복리에 반한다고 하여 입양을 허가하지 않았다.

러한 심리와 비교·형량의 과정 없이 전통적 가족공동체 질서의 관점에서 혈연으로 맺어진 친족관계를 변경시키는 것이 가족 내부에 혼란을 초래하거나 자녀의 정서에 부정적 영향을 미칠 것이라고 막연히 추단하여 입양을 불허한다면 입양허가에 관한 합목적적 재량의 범위를 벗어나 가족 구성에 관한 입양 청구인들의 판단과 선택권을 무시하는 결과가 될 수 있다.

대법관 조재연, 민유숙, 이동원의 반대의견은 조부모의 입양 자체를 반대하는 것은 아니지만 이 사건에서 다수의견이 제시한 파기 사유에 다소 이견이 있다는 것이었다. 재항고인들은 친생부모가 경제적으로 무능력하고 사건본인에게 소홀하다는 점을 강조하면서 아이를 입양한 후 아이가 커서 향후 사실을 알게 되더라도 지금은 입양 사실을 알리지 않고 양육하겠다고 일관되게 주장하고 있다. 그러나 이러한 주장에 사건본인과 양친자관계를 형성하려는 의사가 있다고 보기 어렵고, 양친자관계가 자연스럽게 형성될 것을 기대하기 어렵다는 것이다. 또 향후 아이가 진실을 알게 되었을 때 극심한 정체성 혼란이 우려되는 등 이 사건 입양이 사건본인에게 이롭다고 보기도 어렵고, 입양으로 인하여 아이와 친생모의 관계 단절이 우려되기도 하므로 더이상 추가로 심리할 필요 없이 제2심의 결론을 인정하는 것이 타당하다는 것이다.

2촌 직계혈족인 조부모가 미성년 손자녀를 입양하는 것은 법정 친자관계의 기본적인 의미에 자연스럽게 부합하지 않는 데다가, 조부모가 입양 사실을 감추고 친생부모인 것처럼 양육하기 위하여 하는 비밀 입양은 향후 자녀의 정체성 혼란을 야기할 우려가 크다. 국제 규범과 국내 법령은 원가정 양육의 원칙을 천명하고 이를 위한 후견제도나 각종 사회보장제도가 정비되어 있는데, 친생부모의 가장 가까운 직계존속으로서 친생부모에 의한 원가정 양육을 지지하고 원조하여야 할 조부모가 오히려 사회적·경제적 지위가 열악한 친생부모의 양육능력이 부족하다는 이유로 부모의 지위를 대체하는 것은 바람직하지 않다. 미성년 손자녀의 친생부모가 생존하고 있는데도 조부모가 손자녀의 입양허가를 청구하는 경우 입양허가는 엄격하게 이루어져야 한다.

다수의견과 반대의견은 미성년자의 복리를 최우선적으로 고려해야 한다는 점에 대해서는 합치했다고 할 수 있으나 그 구체적인 실현에서는 의견의 일치를 보지 못하였다. 친생부모가 겪고 있는 어려움 때문에 조부모가 입양할 수밖에 없는 사회라면 판결로 막는 것이 미성년자의 복리를 더 해치는 일이 될 수도 있을 것이다. 그러나 이런 사회여서 조부모가 입양을 허가해달라고 법원으로 오기 이전에 이 아이가 차별이나 소외당하지 않고 살아갈 수 있는 사회를 구체적으로 모색하는 것이 우리 사회가 해야 할 일이라는 생각이 든다.

채무를 상속한 미성년자가 성년이 되어 한정승인을 할 수 있는가

미성년자의 복리를 위해 고려할 요소는 한도 끝도 없겠지만 우리의 법률이나 제도가 과연 얼마나 그에 충실한지를 살펴보기 위해 다른 사건 하나를 보자. 2020년 11월 선고된 전원합의체 판결이다.[3]

원고는 아버지가 사망할 당시 만 6세의 미성년자였다. 아버지는 생전에 피고에게 1억 2000여만원 상당의 빚을 지고 있었다. 아버지가 사망하자 피고는 원고를 비롯한 공동상속인들이 채무도 상속받았다고 하면서 그들을 상대로 약속어음금 청구의 소를 제기해 승소판결을 받았다. 이때 원고는 미성년자였기에 어머니가 법정대리인이 되어 소송을 수행했다. 10년이 지날 무렵 피고는 위 승소판결에 따른 채권의 시효*를 연장하기 위해 다시 소를 제기했고, 이행권고결정**이 확정되었다. 원고의 어머니는 당시에도 만 17세로서

---

* 채권의 일반적 소멸시효는 10년이며, 확정판결에 의한 채권의 소멸시효도 10년이다.
** 정해진 기간 안에 이의를 제기하지 않으면 확정되어 판결과 같은 효력이 있다.

미성년자였던 원고를 대리했다.

그로부터 또 10년이 지나 원고는 성년이 되었고, 피고는 다시 채무의 시효 연장을 위해 원고를 비롯한 공동상속인들을 상대로 소를 제기했다. 당시 주거불명 등의 사유로 공시송달*되어서 재판이 진행된 탓에 원고와 공동상속인들은 재판이 진행되는 사실을 알지 못했고, 피고는 승소해서 그 판결로 원고의 은행 예금계좌를 압류했다.

원고는 2017년 상속 한정승인** 신고를 했고 법원에서 받아들이자 피고가 압류한 예금계좌 등에 대한 강제집행이 계속 진행되는 것을 막기 위해서 청구이의의 소***를 제기했다. 제1심과 제2심은 원고의 청구를 받아들여서 피고가 받은 승소판결에 기한 강제집행을 허가하지 않는다고 판결했다. 피고는 상고했다. 대법원 전원합의체 판결의 쟁점은 원고가 성년이 되어서 한 한정승인 신고 및 수리가 유효한지 여부였고, 유효하다면 원고는 아버지의 빚을 갚아

---

* 당사자의 주거불명 등으로 소송에 관한 서류를 전달할 수 없을 때 그 서류를 법원의 게시판 등에 일정한 기간 동안 게시하여 송달한 것과 같은 효력을 발생시키는 송달방법을 말한다.
** 상속인이 상속재산의 한도에서 피상속인의 채무 등을 변제하기로 하고 상속을 승인하는 제도다. 상속이 개시되었다는 것을 안 때로부터 3개월 내에 할 수 있다. 특별한정승인은 상속인이 중대한 과실 없이 상속채무가 상속재산을 초과하는 사실을 알지 못하고 3개월을 넘긴 경우 그 사실을 안 날부터 3개월 내에 한정승인을 할 수 있도록 한 제도다.
*** 피고가 승소한 판결로 하는 강제집행을 허가하지 말아달라는 청구를 하는 소이다.

야 할 의무에서 벗어날 수 있게 된다.

　다수의견은 상속개시 당시 원고는 미성년자였으므로 원고가 한 한정승인 신고가 유효한지를 판단하는 기준이 되는 '상속채무 초과사실을 안 날'을 판단할 때에는 원고의 법정대리인인 어머니의 인식을 기준으로 삼아야 한다고 보았다. 그런데 어머니는 아버지가 사망한 무렵부터 빚이 있다는 사실을 알고 있었을 것으로 보이고 늦어도 피고가 두차례의 소송을 제기했을 때는 상속채무가 상속재산을 초과한다는 사실을 알았을 것으로 보인다. 그렇다면 원고에게는 특별한정승인에 관한 민법 규정이 처음부터 적용되지 않으므로, 원고가 특별한정승인을 할 수 있는 여지는 애당초 없다고 보아야 한다. 따라서 원고가 한 특별한정승인 신고는 그 효력이 없다고 판단했다. 이에 의해 대법원은 9 대 4로 원고의 청구를 받아들인 제2심판결을 파기해서 돌려보냈다. 이유의 일부를 인용한다.

　상속인이 미성년인 동안에는 법정대리인을 통하지 않고서는 스스로 한정승인 신고를 할 수 없다. 상속채무가 상속재산을 초과함에도 법정대리인이 착오나 무지 등으로 한정승인이나 포기를 하지 않는 경우에 미성년 상속인을 특별히 보호하기 위하여 별도의 제도를 마련하는 것이 입법론적으로 바람직하기는 하다. 그러나 현행 민법에 특별한정승인에 관한 법정대리만을 예외적으로 취급할 법적 근거가 전무한 상태임에도 오로지 해석론에 입각하여, 상속인이 성년에 이른 후에 본인 스스로의 인식을 기준으로 별도의 제척기간이 기산됨을 내세워 새롭게 특별한정승인을 할 수는 없다.

대법관 민유숙, 김선수, 노정희, 김상환의 반대의견은 상속인이 미성년인 동안 그의 법정대리인이 상속채무 초과사실을 알고도 3개월 안에 상속인을 대리하여 특별한정승인을 하지 않은 경우 상속인이 성년에 이르러 상속채무 초과사실을 알게 된 날부터 3개월 내에 스스로 특별한정승인을 할 수 있도록 허용해야 한다는 것이다. 상속인이 미성년일 때 적용되는 규정들이, 상속인이 성년에 이른 후의 법률관계까지 규율하는 것은 아니므로, 상속인이 미성년일 때 법정대리인의 특별한정승인 기간이 지났다고 해서 상속인이 성년이 된 후까지 본인이 특별한정승인을 할 수 없다는 결론이 도출되는 것은 아니라고 보았다. 그 이유의 일부를 보자.

특별한정승인은 상속인의 상속에 관한 선택권을 실질적으로 보장함으로써 상속인이 귀책사유* 없이 채무를 강제로 상속하지 않도록 하는 제도이다. 여기에 법정대리인 제도는 미성년자를 보호하기 위한 것이므로 그로 인해 미성년자의 권리 행사를 제약하

---

* 책임을 물을 수 있는 사유를 말한다.

여서는 안 된다는 점도 고려해야 한다.

　다수의견에 대한 대법관 김재형, 이동원의 보충의견은 이 사건의 본질을 친권자가 적절하지 않은 방식으로 법정대리권 행사를 한 경우 사후에 어떻게 바로잡을 것인지의 문제라고 보는 점에서는 반대의견과 다르지 않다. 그러나 친권자의 권한과 의무, 친권의 제한, 감독 등에 관한 사항은 입법자가 그 나라의 전통과 관습, 가족제도, 윤리의식 등 다양한 사정을 고려하여 입법정책적으로 결정해야 할 입법재량 사항이라고 했다. 그 일부를 인용한다.

　　친권이 자녀의 복리를 위한 것으로, 법정대리인 제도가 제한능력자를 보호하는 방향으로 점점 더 변화하는 추세에 있음을 고려하더라도, 현재 상태에서 우리 민법이 미성년자에게 불리한 개별적인 대리행위를 감독하거나 사후적으로 무효화할 방안을 마련하지 않고 있다거나 특별한정승인에 관하여 미성년자를 보호하기 위한 특별규정을 두지 않고 있다고 하여, 이것이 입법재량의 한계를 벗어나 미성년자의 자기결정권이나 인격권을 침해하는 것으로서 위헌이라고 할 수는 없다.

　반대의견에 대한 대법관 민유숙, 김상환의 보충의견은 다수의견이 미성년 상속인의 보호 필요성에 공감한다면, 입법에 맡기기보

우리와 같이 '당연승계주의'를 따르면서도 각자 다른 방식으로 미성년자를 보호하는 나라의 예가 있다. 프랑스는 어떠한 상황에서도 미성년자에게는 상속재산보다 많은 빚이 넘어가지 않도록 하고 있으며, 독일의 경우 미성년 상속인은 그가 성인이 된 시점에 가진 재산으로만 책임을 부담한다. 사진은 법무부가 2021년 미성년자 '빚 대물림' 방지를 위한 법률 지원 체계를 발표하는 모습.

다 원고의 권리구제와 향후 같은 종류의 사건에서 적용이 가능한 해석론을 제시할 필요가 있다고 했다. 입법에 의한 정치적 해결을 기다리는 것은 너무 불확정적이라는 것이다. 그 일부를 인용한다.

> 많은 선례는 대법원 전원합의체 판결의 법정의견이 어떤 해석을 따르든, 입법이 이루어지는지 여부 및 입법의 시기와 내용에 따른 구제의 정도는 전혀 다른 정치적 과정이라는 점을 보여주고 있다. 결과적으로 입법이 이루어지지 않는 경우 '입법에 의하여야 한다.'는 대법원의 의견은 당해 사건의 당사자를 구제하지 못함은 물론 향후 동종 사건에서의 해결 법리도 제시하지 못하는, 허울뿐인 내용이 되었다.

미성년자들의 복리는 충분히 고려되고 있는 걸까

롤스는 가족이라는 제도의 가치는 정의로운 민주사회를 지지하는 태도와 덕을 함양하고 장려하는 데 있다고 했다. 사회의 건전한 유지와 발전을 위해서 미성년자를 보호하고 교양해나가는 데 있어 가족이라는 제도의 가치가 무궁무진한 것은 누구도 부인할 수 없을 것이다. 그렇다면 두 사건 모두 무엇보다도 미성년 자녀들의 보호에 집중하여 문제를 해결해야만 하는 사건이었다. 두 사건 모두 그런 전제를 내세우고 있기도 하다. 그리고 첫번째 사건은 손자녀 입양 자체를 가능하다고 보는 데 의견이 일치했다. 두번째 사건은 문제에 대한 인식은 함께하면서도 결국 입법에 의해 해결할 문제인지 해석으로도 가능한 문제인지에 대한 견해 차이가 결론을 달리하게 했다.

두번째 사건이 선고된 후 그 결론의 적법성을 떠나 결론의 부당성이 사회적으로 문제되어서 국회는 '미성년자 빚 대물림 방지'를 위한 민법 개정안을 의결했고 2022년 12월 13일부터 시행되었다. 개정안은 상속인이 성인이 된 후 물려받은 채무가 상속재산보다 많다는 걸 알게 된 때로부터 3개월 이내에 한정승인을 할 수 있도록 하는 규정을 신설함으로써 문제를 해결했다. 이 사건 전원합의체 판결의 반대의견이 고스란히 입법에 반영된 결과였다. 물론 이 판결의 당사자는 구제받을 수 없었다.

헌법재판소의 경우도 그렇지만 대법원 전원합의체에서 선고한 판결이나 결정에서 입법적인 해결을 촉구하는 많은 사건들이 국회에서 논의도 되지 않고 파묻혀 있는 경우가 종종 있다. 국회는 국회 나름의 사정이 있을 것이라고 이해해야겠지만, 반대의견의 보충의견에서 자칫하면 긴 논쟁 끝에 선고된 대법원 판결들이 '허울뿐인 내용'이 될 것을 우려하는 부분에 공감하는 마음 또한 컸다. 엄밀하게 법리적으로 말하자면 그런 우려 때문에 입법사항을 사법부가 앞서 판단해버릴 수는 없는 일이다. 그러나 무엇이 입법사항이고 어디까지가 사법부가 판단할 수 있는 영역인지 판단하는 것은 그리 쉬운 일이 아니다. 그래서 많은 전원합의체 판결들에서 대법관들은 이것은 입법으로만 가능하다든지, 법률해석으로도 충분히 가능하다든지 하는 논쟁을 길게 이어나가게 된다. 바로 이 논쟁이 사법소극주의, 사법적극주의 논쟁이다.

이 사건처럼 만 6세였던 미성년자가 성년이 되어서 독립적인 경제활동을 시작하게 될 때부터 아버지의 빚을 짊어져야 한다면 이 문제는 30년 동안 빚을 변제받지 못했던 채권자의 입장과 채무자의 상속인들 사이의 문제일 뿐이라고 단순하게 볼 수는 없게 된다. 상속을 받지 않을 자유가 상속인에게 인정되어왔으므로 상속포기제도와 한정승인제도가 발달해왔는데, 그 자유를 법정대리인이 대신해서 행사해버리면 되는 것인지 성인이 된 상속인이 재고할 기회를 부여받을 수 있는지를 정하는 문제가 남기 때문이다. 상속포기제도와 한정승인제도를 둔 본래의 의미를 새긴다면 이 사건을 입법적으로만 해결할 수 있는 문제라고만 보는 것은 지나친 소극주의의 발로가 아니었는가 의문이 드는 것도 사실이다. 이 사건의 원고는 보호받지 못했지만 입법으로 이 문제가 뒤늦게나마 해결된 것은 다행한 일이다.

서로 다른 방에서
각자 다른 책을 찾는다면

중국어 방

프롤로그는 우리나라의 대표 작가 이청준의 「소문의 벽」으로 시작했지만 에필로그는 SF작가 켄 리우Ken Liu가 2004년에 발표한 단편 「사랑의 알고리즘」[1]으로 시작하고 싶다.

소설은 '보통이 아닌 장난감' 회사의 대표인 브레드와 그 회사에서 일하면서 '보통이 아닌 장난감'을 개발해낸 엘레나의 결혼, 아이의 죽음, 알고리즘만 남은 그들 사이의 사랑 이야기에 대한 것이다. 엘레나는 대화알고리즘을 인형에 장착하여 다양한 인형들을 개발해내다가 마지막에는 거의 완벽하게 상호작용을 하는 인형

'타라'를 만든다. 타라는 기계에 지능이 있는지를 판별하는 튜링테스트를 통과했다. 일주일간 함께 생활한 브레드조차 타라의 알고리즘이 지능을 흉내낸다는 걸 깨닫지 못하고 타라가 엘레나 친구의 딸이라고 믿을 지경이었다. 이런 브레드에게 엘레나는 '중국어방'에 관하여 설명해준다. 미국의 철학자 존 설John Rogers Searle이 고안한 사고실험으로서 튜링테스트의 결과만으로는 기계가 지능을 가지는지 여부를 판별할 수 없다는 것을 증명하기 위한 실험이다.

커다란 방에 영어밖에 할 줄 모르는 사무원들을 앉혀놓고 낯선 기호가 적힌 카드를 줄줄이 들여보낸다. 사무원들은 영어로 쓴 규칙이 적힌 두꺼운 책에서 지시한 규칙에 따라 자신이 받은 카드의 기호와 다르게 생긴 낯선 기호를 기입하여 밖으로 내보낸다. 그 두꺼운 책에는 '구불구불한 세로 한줄이 그려진 카드에 이어 구불구불한 가로선 두줄이 그려진 카드를 받으면, 백지 카드에 세모꼴을 하나 그려서 옆에 앉은 직원에게 건네세요'라는 식의 규칙만 적혀 있을 뿐 그 기호들의 의미에 관한 정보는 없다. 그 기호들은 중국어로 된 질문과 답이지만 사무원들은 그 의미를 전혀 모르고도 두꺼운 책에 쓰인 규칙만 따르면 정답을 찾을 수 있다. 존 설은 결국 이 실험으로 알 수 있는 것처럼 기계가 튜링테스트를 통과했더라도 지능을 가졌는지를 알 수는 없다고 한다.

이 중국어 방 실험은 여러 과학자들의 다양한 반박을 받았다. 그러나 리우는 엘레나의 입을 거쳐, 인간의 뇌에 이 실험을 대입해보

면 결국 인간의 뇌도 아무것도 이해하지 못하면서 적절한 반응은
할 수 있는 알고리즘적 존재에 다름없음을 알 수 있다는 말을 하
고자 했다. 인간의 뇌세포 또한 타라처럼 단지 어떤 신호를 받아서
다른 신호를 찾을 뿐으로서, 의식이 개입되지 않은 물리법칙의 결
과일 뿐이라는 것이다. 그리고 이런 생각은 엘레나를 절망에 빠뜨
린다. 알고리즘이 아닌 감각으로는 오직 아픔만 남는다는 생각에
사로잡힌 엘레나는 거듭 자살을 시도하고 그 알고리즘을 간파한
사람들에 의해 계속 실패한다.

이 에피소드를 읽으면서 인간의식의 활동을 어디까지 인공으로
대체할 수 있는가의 문제를 떠올리는 것은 자연스럽다. 나아가 법
률가를 인공지능으로 대체하는 시대가 올까라는 의문으로 발전되
기도 한다. 그러나 미래의 문제까지 연결해보지 않더라도 법률가
들에게 기계적인 알고리즘을 적용해달라는 요구는 늘 있어왔다.

샤를 몽테스키외Charles Louis de Secondat Montesquieu는 삼권분립을 주
장한 『법의 정신』에서 재판관은 "법조문을 선언하는 입의 역할밖
에 하지 못한다. 법의 힘도 엄격함도 완화하지 못하는 무생물과 같
은 존재"라고 했다.[2]

윌리엄 셰익스피어William Shakespeare의 「베니스의 상인」에서 유대
인 샤일록은 평소 자신을 멸시하던 안토니오에게 돈을 빌려주면서
갚지 못할 때에는 '1파운드의 살'을 가져가기로 계약한다. 그리고
그 계약 때문에 샤일록은 파멸한다. 사실 '1파운드의 살'을 채무 대

신 내놓기로 한 계약이 유효한지가 문제다. 요즘 민법의 해석으로는 절대적으로 무효인 계약이다. '1파운드의 살'에는 한방울의 피도 포함되지 않는다는 베니스 법정에서의 포샤의 해석도 문제다. 그런 해석 또한 가능하지 않다. '1파운드의 살'에는 당연히 피도 포함된다. 「베니스의 상인」은 셰익스피어의 의도와는 별개로 문자 그대로 계약이나 법을 해석한다는 것은 불가능한 일임을 보여준다.

'항로'의 해석

법해석학의 교과서들은 어떤 사실관계에 들어맞는 법을 적용한다는 것은 사실관계에 대한 사물논리적 관점과 규범적 관점, 법률 해석자의 선이해 등이 서로 영향을 미치는 과정이라고 설명해왔다. 「베니스의 상인」에서 보듯 계약이든 법률이든 문언文言 자체의 해석만으로는 설득력 있는 결론을 이끌어낼 수 없는 경우가 많다. 그래서 입법자가 입법을 할 당시의 주관적 목적이나 법규범의 객관적 목적을 중시하는 목적론적 해석이 나오고 법이라는 제도가 추구하는 목적에 비추어 법의 의미를 찾자는 논의도 있다. 어떤 방법으로 법을 해석하고 적용하든 완벽한 법해석과 적용은 불가능하다. 법의 불확실성, 상충, 흠결, 사회의 변화 등이 늘 존재하기 때문이다.

널리 알려진 '땅콩회항' 사건을 예로 들어보자.[*3] 사실관계는 이렇다. 항공회사의 부사장인 피고인은 견과류를 대접하는 방식이 잘못되었다고 지적하면서 담당자인 승무원을 비행기에서 내리도록 조치하게 했다. 당시 비행기는 이미 계류장을 떠나서 유도로로 푸쉬백pushback(계류장의 항공기를 차량으로 밀어 유도로까지 옮기는 것)하는 과정에 있었다. 기장은 '비정상 상황이 발생해 비행기를 돌려야 한다'는 기내 전화 연락을 받고 푸쉬백을 중단했다. 비행기는 그때까지 약 22초간 17미터가량 후진했고, 계류장을 벗어나 유도로에 진입하지는 않은 상태였다. 기장은 공항 계류장 통제소의 승인을 받아 비행기를 탑승구를 향해 이동시켰고 담당 승무원이 아닌 객실 사무장이 내린 후 다시 푸쉬백이 시작되어 비행기는 이륙했다.

문제된 법 규정은 항공보안법 제42조였다. "위계 또는 위력으로써 운항중인 항공기의 항로를 변경하게 하여 정상 운항을 방해한 사람은 1년 이상 10년 이하의 징역에 처한다"라고 규정하고 있다. 같은 법 제2조 제1호는 '운항 중'을 '승객이 탑승한 후 항공기의 모든 문이 닫힌 때로부터 내리기 위해 문을 열 때까지'로 정의했다. 그러나 항공보안법에 '항로航路'가 무엇인지에 관하여 정의한 규정은 없다. 결국 쟁점은 피고인이 푸시백을 개시한 비행기를 탑승구로 되돌아가게 한 행위가 '항로'의 변경에 해당하는지 여부였다.

• 2017년 대법원 전원합의체 판결은 다수의견과 반대의견이 10 대 3으로 나뉘었다.

제1심은 이 점을 유죄로 판단했으나 제2심은 제1심판결을 파기하고 무죄를 선고했다. 이에 대하여 검사가 상고했다.

제2심은, 항로의 사전적 의미는 항공기가 하늘에서 다니는 길이고, 특별한 근거 없이 그보다 넓게 피고인에게 불리한 방향으로 해석하는 것은 죄형법정주의 원칙에 어긋나 허용되지 않으므로, 피고인의 행위는 '항로' 변경에 해당하지 않는다고 보았다.

이에 대하여 검사는, '항로'의 사전적 정의는 이륙 전과 착륙 후 지상에서도 이동해야 하는 항공기의 특성을 반영하지 못한 것이라고 했다. 항공보안법은 지상의 항공기도 보호하기 위해 정의규정을 두어 항공기가 승객을 태우고 문을 닫은 때부터 '운항'이 개시되는 것으로 했으므로, 이 정의에 따라 항공기가 '운항'하는 경로는 지상을 포함하여 전부 '항로'라고 해석하더라도 죄형법정주의 원칙에 어긋나지 않는다고 주장했다.

다수의견은 항공보안법의 입법 목적이나 입법 경위로 비추어 본 결과 당시의 입법자가 '항로'를 통상의 의미와 달리 지상에서의 이동 경로까지 포함하는 뜻으로 사용했다고 볼 수 없다고 했다. 결국 제2심의 판단이 옳다는 것이다. 기장에 대한 업무방해죄로 처벌하는 등 다른 죄를 묻는 것은 별론으로 하더라도 적어도 항로변경을 전제로 처벌해서는 안 된다고 했다.

반대의견은 '항로'는 한자의 뜻에 따라 풀이하면 '항공기가 운항하는 길'로 이해하는 것이 자연스러우며, '운항 중인 항공기의 항로'라는 어구 속에서 의미를 파악한다면 '항로'는 지상과 공중을 불문하고 '운항 중인 항공기가 다니는 길'을 모두 포함하는 것이라고 보았다. 그러므로 승객이 탑승한 후 항공기의 모든 문이 닫힌 때부터 내리기 위해 문을 열 때까지 항공기가 지상에서 이동하는 경로도 항공보안법 제42조의 '항로'에 포함된다고 했다.

다수의견과 반대의견 모두 표준국어대사전과 입법자의 입법 경위, 입법 목적 등을 들어서 항공보안법 제42조를 해석하려 했지만 명쾌한 해석은 어려웠다. 결국 대법원은 문언의 가능한 의미를 벗어나 피고인에게 불리한 방향으로 해석하는 것은 죄형법정주의의 내용인 확장해석금지에 따라 허용되지 않는다는 원리에 기대어 무죄를 선언할 수밖에 없었다.

법 발견과 법 형성

'땅콩회항' 사건에서 다수의견은 국립국어원의 표준국어대사전에서 항로를 '항공기가 통행하는 공로空路'로 정의하고 있으므로 항로는 공중空中의 개념을 내포하고 있다고 보았고, 반대의견은 국립국어원의 표준국어대사전에서도 운항을 '배나 비행기가 정해진 항로나 목적지를 오고 감'이라는 뜻으로 풀이하고 있으므로 항로는 '항공기가 운항하는 길'로 이해하는 것이 무리가 없고 자연스럽다고 주장했다.

'항로'라는 단어 하나의 해석도 이처럼 분분한데 단어나 문장의 해석만으로는 해결할 수 없는 경우에 어떻게 할 것인지는 더 큰 문제다. 이른바 '법 형성'의 문제다. " '법해석'이 이미 존재하는 법규범을 구체화하는 작업이라면 '법 형성'은 새롭게 법규범을 만드는 작업"[4]이다. 법률 규정에서 누락된 부분이 있을 때 그 부분을 보충하기 위해 하는 법 형성은 법률보충적 법해석이라고 할 수 있다. 그러나 법률이 몹시 부당하고 불합리해서 그대로 해석하고 적용할 때에는 법윤리에 반하게 된다든지, 입법자라도 다른 결정을 했을 것이라고 확신하지만 입법으로 해결할 수 없을 때라든지 하는 경우에는 법률에 반하는 법 형성이 가능하다는 견해도 있다. 양천수 교수는 법률에 명백한 실수가 있는 경우, 법률의 내용이 서로 모순되거나 충돌하는 경우, 법률이 헌법에 반하는 경우, 법률의 내용이 심하게 비합리적이거나 반도덕적인 경우, 사회변화로 규범상황이 변한 경우 등에는 법률에 반하는 법 형성을 인정할 수 있다고 한다.

본문 2부 4장에서 보았던 전원합의체 판결[5]에서 대법관 김재형은 다수의견을 보충하면서, 법률이 규정하고 있지 않은 사항에 관하여 법관이 다른 규정을 유추하여 법률의 공백을 보충하는 것은 법 발견이 아니라 법 형성이라고 했다. 그리고 법관의 법 형성은 입법자가 의도하지 않았던 공백이 있고, 합리적인 입법자라면 그러한 문제상황에 대하여 인접영역의 유사한 규정과 같은 내용의 규율을 했을 것으로 볼 수 있을 때 유추의 방법으로 규율의 공백을 메우는 경우에만 허용된다고 했다. 입법자가 예정한 법적 규율이 위헌이라면 법관은 위헌법률심판을 제청해야 하고 입법자의 명확한 의사를 넘어서는 법해석을 해서는 안 된다는 한계도 제시했다.

본문 1부 4장에서 보았던 전원합의체 판결[6]에서 대법관 김재형은 별개의견에서, 법률을 해석한 결과 심하게 불합리하거나 부당한 결론이 도출된다면 그러한 해석을 배제하는 방안을 강구해야 하지만, 여러 해석방법을 동원해도 불합리와 부당함이 교정되지 않는다면 법원은 법의 문언을 넘어서는 해석, 때로는 법의 문언에 반하는 정당한 해석을 해야 한다고 했다.

본문 2부 3장에서 보았던 전원합의체 판결[7]에서 대법관 조재연, 이동원은 반대의견에서 문언이 명확하고 하나의 해석만 가능할 때에는 합헌이라고 보고 그 하나의 해석을 받아들이든가, 위헌이라고 보고 위헌제청을 하는 외에는 다른 해석을 할 수 없으며, 이 사건에서도 군형법의 '추행'의 해석에 다른 여지는 없다고 주장했다. 이에 대하여 대법관 김재형은 다수의견을 보충하면서 사회와 시대의 변화에 따라 그 의미가 달라질 수 있는 법률은 그 시대의 건전한 사회통념에 따라 적용 여부를 달리할 수 있다고 주장했다. 그리고 피고인의 행위와 같은 경우를 처벌하는 것이 헌법정신에 어긋날 수 있음을 인정하면서도 입법부의 법률개정을 기다려야 한다는 이유로 당사자를 구제할 수 있는 길을 외면해서는 안 된다고 했다.

이처럼 몇몇의 판결들만 보아도 법해석과 법 형성의 영역을 명확하게 구분하기도 어렵지만 어디까지 법 형성이 가능하고 어디까지는 입법의 영역인지를 판가름하는 것도 쉽지 않다. 롤스를 소환하여 법원은 모름지기 공적 이성에 의해 판결해야 한다고 주장한들 해답은 도출되지 않는다. 공적 이성의 적용 과정을 그대로 밝히고 다른 의견을 반박하는 내용을 고스란히 담는 전원합의체 판결조차도 제각각의 결론이 옳다고 주장할 뿐이다.

롤스는 "법관들이 지지하고 있는 (…) 헌법적 본질들〔헌법의 핵심사항들〕에 대한 견해가 기본적 자유의 중심 범위를 어느 정도 동일한 장소에 위치시킬 것"이라고 가정한다. 그렇게 되면 가장 근본적인 정치적 문제들을 해결하는 데 성공한다는 것이다.[8] 그렇다면 여기서 다룬 전원합의체 판결들은 그 성공에 도움이 되는 것이었을까 의문이 들기도 한다.

다원주의 사회로 향하되 합당한 다원주의 사회에는 다다르지 못한 현 시점의 우리 사회에서 가장 올바른 결론이 무엇인지를 모색해나갈 필요는 사법의 영역이라고 하여 다른 영역과 다르다고 할수는 없다. 그러므로 법관은 오로지 '법을 말하는 입'이란 해묵은 말만으로는 사법이 당면한 문제가 해결되지 않는다. 중국어는 몰라도 통일된 규칙만 따르면 정답이 나오는 '중국어 방'은 베니스에서의 '포샤의 재판'이 아닌 보통의 법원에서는 있을 수 없다. 그러나 어떻게 실패하지 않는 법원으로 남을 것인가에 대하여 깊은 고민을 해나가지 않는다면 어느새 법정은 '중국어 방' 또는 법관 각각이 머무르고 있는 방일 뿐이고, 법관은 그 방에서 각자의 두꺼운 책을 찾는 사무원이 되어 있을는지 모른다.

롤스의 정치적 자유주의는 적어도 '헌법의 핵심사항들'과 '기본적 정의의 문제들'에서만큼은 자신의 포괄적 신념체계의 알고리즘에서 독립한 판단을 할 수 있도록 도움을 줄 수도 있을 것 같다. 자신만의 '중국어 방'에서 잠시나마 벗어나도록 해주지는 않을 것인가 하는 기대로 롤스의 생각을 조금 소개해보았다.

롤스의 정치적 자유주의를 대법원의 최신 판결들과 접목해보려는 발상이 난삽한 초고를 낳았을 무렵, 포기해야겠다고 마음먹고 출판사에 초고를 보내보았다. 당연히 접자고 할 줄 알았는데 『시절의 독서』 편집을 맡아주었던 이하림, 최지수 님이 오히려 적극적으로 나서서 위기에 빠진 초고를 건져내주셨다. 이어서 이선엽 님도 마지막까지 원고를 다듬어서 여기까지 올 수 있도록 힘을 보태주셨다. 책이 나올 때마다 느끼는 것이지만 이분들의 헌신이 없었다면 단 한권의 책도 낼 수 없었을 것이다. 아무리 감사해도 부족하지만 그래도 다시 한번 감사의 마음을 표시해본다.

주

프롤로그

1 仲正昌樹『いまこそロルズに学べ』, 春秋社 2020 신장판, 199~200면.

2 존 롤스『공정으로서의 정의: 재서술』, 에린 켈리 엮음, 김주휘 옮김, 이학사 2016, 25면.

3 같은 책 33~34면.

4 존 롤스「공적 이성의 재조명」, 『정치적 자유주의』, 장동진 옮김, 동명사 2016, 654면.

5 같은 책 375면.

6 같은 책 377면.

7 양화식「롤즈의 정치적 정의관에 있어서 중첩적 합의와 공적 이성」, 『성균관 법학』제23권 제1호, 성균관대학교 법학연구원 2011, 516면.

서론 롤스의 정치적 자유주의

1 나카마사 마사키 『현대미국사상: 자유주의의 모험』, 송태욱 옮김, 을유문화사 2012, 145~47면.

2 같은 책 123면.

3 같은 책 147면.

4 같은 책 90면.

5 같은 책 69~90면.

6 같은 책 94면.

7 박정순 『존 롤스의 정의론: 전개와 변천』, 철학과현실사 2019, 114면.

8 존 롤스 『정의론』, 황경식 옮김, 이학사 2003, 45면.

9 같은 책 46면.

10 같은 책 49면.

11 존 롤스 『사회정의론』, 황경식 옮김, 서광사 1990, 81~82면.

12 목광수 『정의론과 대화하기: 정의론이 한국 사회에 던지는 8가지 질문』, 텍스트CUBE 2021, 33면.

13 같은 책 34면.

14 존 롤스 『정의론』, 17~18면.

15 존 롤스 「옮긴이의 말」, 『공정으로서의 정의: 재서술』, 에린 켈리 엮음, 김주휘 옮김, 이학사 2016, 353면.

16 같은 책 88면. 부호는 편의를 위해 수정했다.

17 같은 책 91면.

18 같은 책 90~91면.

19 仲正昌樹 『いまこそロルズに学べ』, 春秋社 2020 신장판, 199~200면.

20 존 롤스 『정치적 자유주의』, 장동진 옮김, 동명사 2016, 23면.

21 같은 책 21면.

22 정훈「중첩적 합의와 공리주의: 셰플러에 대한 반론」,『철학』, 제103집, 한국 철학회 2010년 5월, 279면.

23 존 롤스『정치적 자유주의』, 21~22면.

24 나카마사 마사키, 앞의 책 227면.

25 仲正昌樹, 앞의 책 195~96면.

26 존 롤스『정치적 자유주의』, 248~49면.

27 존 롤스『정의론』, 341면.

28 정훈, 앞의 글 282~83면.

29 존 롤스『정치적 자유주의』, 23면, 83면.

30 같은 책 91면.

31 같은 책 92~96면.

32 같은 책 359면.

33 나카마사 마사키, 앞의 책 218면.

34 박정순, 앞의 책 123면.

35 존 롤스『공정으로서의 정의: 재서술』, 65면.

36 같은 책 63면.

37 존 롤스『정치적 자유주의』, 346면.

38 존 롤스『공정으로서의 정의: 재서술』, 170면.

39 존 롤스「공적 이성의 재조명」,『정치적 자유주의』, 631면.

40 같은 글 643~45면.

41 같은 책 348면.

42 같은 책 387~388면, 388면 각주 35.

43 박정순, 앞의 책 503~504면.

44 김현섭「롤즈의 정의론이 우리에게 남긴 문제들」, 한국윤리학회 편『롤즈 정 의론의 이론과 현실』, 철학과현실사 2021, 303~304면.

45 존 롤스『정치적 자유주의』, 349~50면.

46 같은 책 375면.

47 같은 책 376면.

48 같은 책 376~377면 각주 23.

49 로널드 드워킨, 『법복 입은 정의』, 이민열 옮김, 도서출판 길 2019, 429~30면. 드워킨의 책이 출판된 2006년은 롤스가 작고한 지 4년이 지난 후였다.

50 같은 책 418면.

51 존 롤스 『정치적 자유주의』, 385면 각주 32.

52 로널드 드워킨, 앞의 책 418면.

53 존 롤스 『정치적 자유주의』, 375~76면.

54 나카마사 마사키, 앞의 책 230~31면.

55 존 롤스 『정치적 자유주의』, 96면.

56 장동진 「롤즈 정의론과 한국사회」, 황경식·박정순 외 『롤즈의 정의론과 그 이후』, 철학과현실사 2009, 415면.

57 같은 글 404~407면.

58 같은 글 415~16면.

59 목광수, 앞의 책 339~40면.

1부 상반되지만 합당한 신념들 간의 합의와 대법원 판결

1장 롤스의 정치적 정의관과 중첩적 합의

1 존 롤스 『정치적 자유주의』, 장동진 옮김, 동명사 2016, 260~61면.

2 같은 책 278~79면.

3 같은 책 280면.

4 같은 책 285~86면.

5 같은 책 287~88면.

6 같은 책 288~89면.

7 같은 책 291~92면.

8 같은 책 291면.

9 같은 책 294~95면.

10 같은 책 566~67면.

11 같은 책 263~65면.

12 같은 책 274~75면.

13 정훈 「중첩적 합의와 공리주의: 셰플러에 대한 반론」, 『철학』, 제103집, 한국 철학회 2010년 5월, 284면.

14 존 롤스 「공적 이성의 재조명」, 『정치적 자유주의』, 632~33면.

15 같은 글 633~34면.

16 같은 글 635~36면.

2장 전통적 가치와 중첩적 합의: 분묘기지권, 제사주재자 사건

1 존 롤스 『정치적 자유주의』, 장동진 옮김, 동명사 2016, 264면.

2 대법원 2017. 1. 19. 선고 2013다17292 전원합의체 판결.

3 대법원 2021. 4. 29. 선고 2017다228007 전원합의체 판결.

4 대법원 2008. 11. 20. 선고 2007다27670 전원합의체 판결.

5 대법원 2023. 5. 11. 선고 2018다248626 전원합의체 판결.

3장 전통적 가치와 공적 이성: 친생부인의 한계 사건

1 존 롤스 『공정으로서의 정의: 재서술』, 에린 켈리 엮음, 김주휘 옮김, 이학사 2016, 71면.

2 같은 책 72면.

3 존 롤스 『정치적 자유주의』, 장동진 옮김, 동명사 2016, 392~95면.

4 대법원 2019. 10. 23. 선고 2016므2510 전원합의체 판결.

4장 정의의 원칙 적용 4단계론: 전교조 법외노조 사건

1 존 롤스 『공정으로서의 정의: 재서술』, 에린 켈리 엮음, 김주휘 옮김, 이학사 2016, 97~98면.

2 존 롤스, 『정의론』, 황경식 옮김, 이학사 2003, 268~74면.

3 존 롤스 『정치적 자유주의』, 장동진 옮김, 동명사 2016, 574~76면.

4 대법원 2020. 9. 3. 선고 2016두32992 전원합의체 판결.

2부 우선하는 기본적 자유들과 대법원 판결

1장 롤스가 말하는 기본적 자유들의 우선성

1 존 롤스 『공정으로서의 정의: 재서술』, 에린 켈리 엮음, 김주휘 옮김, 이학사 2016, 169~70; 존 롤스 『정치적 자유주의』, 장동진 옮김, 동명사 2016, 360~61면.

2 존 롤스, 『정치적 자유주의』, 363면.

3 같은 책 365면.

4 같은 책 366면.

5 같은 면.

6 존 롤스 「공적 이성의 재조명」, 『정치적 자유주의』, 633면 각주 7.

7 같은 책 367면.

8 같은 책 367면 각주 10.

9 같은 책 367~69면.

10 같은 책 382면.

11 같은 책 384면.

12 같은 책 446면.

13 같은 책 447면.

14 존 롤스『공정으로서의 정의: 재서술』, 201면.

15 존 롤스『정치적 자유주의』, 447면.

16 같은 책 477~50면.

17 같은 책 495~96면.

2장 양심의 자유: 양심적 병역거부 사건

1 존 롤스『정치적 자유주의』, 장동진 옮김, 동명사 2016, 458~59면.

2 존 롤스「옮긴이의 말」,『공정으로서의 정의: 재서술』, 에린 켈리 엮음, 김주휘 옮김, 이학사 2016, 355~56면.

3 같은 책 202면.

4 같은 책 203~204면.

5 존 롤스『정치적 자유주의』, 468면.

6 같은 책 465~66면.

7 같은 책 466~67면.

8 대법원 2018. 11. 1. 선고 2016도10912 전원합의체 판결.

9 존 롤스,『정의론』, 황경식 옮김, 이학사 2003, 491면.

10 같은 책 491~97면.

3장 소수자들의 기본권: 성전환자 성별정정, 군인의 성적 자기결정권 사건

1 존 롤스,『정의론』, 황경식 옮김, 이학사 2003, 149~50면.

2 같은 책 149; 존 롤스『공정으로서의 정의: 재서술』, 에린 켈리 엮음, 김주휘 옮김, 이학사 2016, 124면.

3 존 롤스『공정으로서의 정의: 재서술』, 124면.

4 김은희「롤즈의 정의론과 여성주의」, 한국윤리학회 편『롤즈 정의론의 이론과 현실』, 철학과현실사 2021, 156면.

5 하주영「롤즈의 보편주의적 정의론과 여성주의: 차이의 문제」, 황경식·박정

순 외『롤즈의 정의론과 그 이후』, 철학과현실사 2009, 351면.

6 존 롤스『공정으로서의 정의: 재서술』, 124~25면.

7 같은 책 293면.

8 존 롤스『정치적 자유주의』, 장동진 옮김, 동명사 2016, 461면.

9 존 롤스『공정으로서의 정의: 재서술』, 112면.

10 M. 빅토리아 코스타『존 롤스, 시민과 교육』, 김상범 옮김, 어문학사 2020, 38면.

11 목광수,『정의론과 대화하기: 정의론이 한국 사회에 던지는 8가지 질문』, 텍스트CUBE 2021, 44면.

12 존 롤스『공정으로서의 정의: 재서술』, 113~15면.

13 같은 책 114면.

14 존 롤스『정의론』, 143면.

15 존 롤스『공정으로서의 정의: 재서술』, 293면.

16 같은 책 292면.

17 같은 책 288~89면.

18 김은희, 앞의 글 161면.

19 존 롤스『공정으로서의 정의: 재서술』, 289~90면.

20 목광수, 앞의 책 245면.

21 존 롤스『공정으로서의 정의: 재서술』, 285면.

22 대법원 2022. 11. 24.자 2020스616 전원합의체 결정.

23 대법원 2006. 6. 22.자 2004스42 전원합의체 결정.

24 대법원 2011. 9. 2.자 2009스117 전원합의체 결정.

25 김영란『판결을 다시 생각한다: 한국사회를 움직인 대법원 10대 논쟁』, 창비 2015, 169~73면.

26 같은 책 175~78면.

27 같은 책 179~80면.

28 대법원 2022. 4. 21. 선고 2019도3047 전원합의체 판결.

29 존 롤스「공적 이성의 재조명」,『정치적 자유주의』, 654면.

4장 재산권의 보호 범위: 부동산 명의신탁을 둘러싼 사건

1 존 롤스,『정의론』, 황경식 옮김, 이학사 2003, 21~22면.

2 나카마사 마사키『현대미국사상: 자유주의의 모험』, 송태욱 옮김, 을유문화사 2012, 130면.

3 같은 책 132~36면.

4 존 롤스『공정으로서의 정의: 재서술』, 에린 켈리 엮음, 김주휘 옮김, 이학사 2016, 33~35면.

5 같은 책 32면.

6 같은 책 247면.

7 목광수,『정의론과 대화하기: 정의론이 한국 사회에 던지는 8가지 질문』, 텍스트CUBE 2021, 205면.

8 대법원 2016. 5. 19. 선고 2014도6992 전원합의체 판결.

9 대법원 2022. 6. 9. 선고 2020다208997 판결 등.

10 대법원 2009. 3. 19. 선고 2008다45828 전원합의체 판결.

11 대법원 2019. 6. 20. 선고 2013다218156 전원합의체 판결.

12 대법원 2021. 9. 9. 선고 2018다284233 전원합의체 판결.

13 존 롤스『정치적 자유주의』, 장동진 옮김, 동명사 2016, 450면.

5장 가족제도와 정의의 원칙: 손자녀 입양, 미성년자 특별한정승인 사건

1 존 롤스『공정으로서의 정의: 재서술』, 에린 켈리 엮음, 김주휘 옮김, 이학사 2016, 288~90면.

2 대법원 2021. 12. 23.자 2018스5 전원합의체 결정.

3 대법원 2020. 11. 19. 선고 2019다232918 전원합의체 판결.

에필로그

1 켄 리우 『어딘가 상상도 못할 곳에, 수많은 순록 떼가』, 장성주 엮고 옮김, 황금가지 2020에 수록.

2 몽테스키외 『법의 정신 3-1』, 진인혜 옮김, 나남출판 2023, 279면.

3 대법원 2017. 12. 21. 선고 2015도8335 전원합의체 판결.

4 양천수, 『삼단논법과 법학방법』, 박영사 2021, 371면.

5 대법원 2019. 6. 20. 선고 2013다218156 전원합의체 판결.

6 대법원 2020. 9. 3. 선고 2016두32992 전원합의체 판결.

7 대법원 2022. 4. 21. 선고 2019도3047 전원합의체 판결.

8 존 롤스 『정치적 자유주의』, 장동진 옮김, 동명사 2016, 377면.